JN060757

日本の文化と教育

日本の文化と教育 ('23)

装丁デザイン：牧野剛士
本文デザイン：畑中　猛

s-53

はじめに

　本テキストの目的は，明治期からの日本の教育と文化を社会教育の視点からたどっていくことにある。日本の近代教育は，学校の整備とその拡充とに力点がおかれ，地域での人々の教育の営みは補足的に捉えられてきた。学校教育の普及は学力の向上をもたらしたが，一方で，教育における画一化，序列化の問題を生み出した。子ども・若者の生きていく力そのものが問われている現在，地域での社会教育の学びに注目し，人が大人になること，生きていく力について考えることは重要である。

　執筆にあたり念頭においたのは，一つに青年，少年，少女といった言葉の登場や変遷に着目すること，二つに性別や経済的・社会的階層によって若者の教育経験も異なること，三つに実践の具体例を挙げながら，そこにある教育観を捉えること，四つに学習活動と法制度や行政との両方を視野に入れること，である。これらを意識しつつ各章を時系列に配置して全体を通史として読めるようにした。以下，その概要を述べる。

　近世の若者組には固有の教育的役割と「一人前」の理解があったが，明治期に新たな青年像が登場し子どもから大人になる過程に変化が生じた（第1章）。日清・日露戦争，第一次世界大戦を通して「一般大衆」を対象とした通俗教育・社会教育の行政機構が整備され，地域青年団体が組織化されていった（第2章）。他方，明治後期には新たな「家庭」像と「少年」「少女」像も登場し，子どもの教育への関心とともに校外教育が注目されるようになった（第3章）。大正期には個性や自主性の尊重を掲げる新教育（大正自由教育）と，「読む」「書く」といった表現の主体としての子どもが探求された（第4章）。こうした中で花開いたのが児童文化活動であり，その中でも「聴く―語る」という教育活動として口演童話が広がりを見せた（第5章）。

　ところで，明治・大正期の青年像はもっぱら男性を想定し，女性は含まれていなかった。では，女性たちはどのようにして子どもから大人に

4

なっていったのか。良妻賢母教育を掲げる女学校の「女学生」と労働を余儀なくされた「女工」の経験は対照的である（第6章）。地域の団体活動（処女会・女子青年団，婦人会）は社会参加の契機となったが，同時にそれは戦争を支え促す役割を担うものになった（第7章）。

　また勤労青年教育機関として明治期に設置された実業補習学校は，壮丁準備教育として開設された青年訓練所と統合されて昭和戦前期に青年学校となり総動員体制に組み込まれていった。青年団・女子青年団も中央統制が強化された後，学徒隊へと編成されていった（第8章）。

　第二次世界大戦後，地域には社会教育施設として公民館が設置され新しい集団活動（青年団，地域婦人会）が広がった（第9章）。それを支えたのは，若者たちが取り組んだ自主的な学びとしての共同学習であった（第10章）。1950年代には，人びとが職場や地域で小集団（サークル）をつくり，生活記録などの表現活動を展開させ（第11章），高度経済成長期には，定時制高校，青年学級，勤労青年サークルなどで働く若者たちの学びが広がり（第12章），農村部を中心に地域の青年団体は各地で独自の活動を生み出していった（第13章）。

　人口減少などの課題と直面しながら，現在，地域ではコミュニティの中での学びが再認識されつつあり，東日本大震災（2011年）でのボランティア活動を通して大学生など若者たちがどのような学びを経験したかも注目される（第14章）。2000年代以降，新たな若者政策が導入されたが，それ以前に蓄積されてきた歴史的経験は，子どもが大人になる過程とそこでの教育の可能性を考える時，読み直されるべきであろう。最後に，共同学習創出の視点から今後に向けての展望を示した（第15章）。

　なお，本テキストの著者たちは，地域の子ども・若者の教育活動に直接かかわってきた経験を持っており，それも論述の基礎となっている。

2022年　秋

矢口徹也・辻　智子

目 次

1 | 青年の登場

矢口徹也

　人が大人になるとはどのようなことなのか，本章では青年という言葉に注目して考えていきたい。子どもが社会の中で大人へと移行する時期は青年期と呼ばれ，教育にとって重要な概念である。青年期は，個々人の成長に関わる時期であり，その青年像は社会の要請を反映し，時代によって変化していく。ここでは，近世の地域での若者仲間の性格と役割，明治期の東京基督教青年会（東京 YMCA），兵学寮青年学舎の青年像を取り上げて考える。

《学習の目標》 近世の若者集団の役割，明治期に登場した青年像の特色を理解し，日本における若者から青年への変化と青年期の意味について学んでいきたい。

《キーワード》 若者仲間，一人前，陸軍兵学寮青年学舎，キリスト教青年会

1. 若者から青年へ

　明治以前，ムラには若者仲間（若者衆，若者連中）があり，地域の祭礼，自治，警備，婚姻等に関わっていた。子どもは10代半ばになると成年式を迎え，「若者」と呼ばれた。成年式は子ども時代にきりをつけさせ，大人に生まれ変わらせるために共同体がつくりあげた地域のしくみでもあった。若者仲間は，近世において，地域の構成員を教育する役割を果たしていたが，明治以降の地方行政制度，学校教育の普及に伴い衰退，消滅し，青年会，青年団組織に置き換えられていった。例えば，東京都内においても，浅草寺や富岡八幡境内には，若者が一人前の力を競いあった力石が今も存在し，往時を物語っている。

　若者仲間は，男性を成員としたものであったが，女性を対象とした娘宿，娘組が存在した地域があった。若者仲間，娘宿などは未婚者による集団であり，結婚を機会に退くことが多かった。当時は，現代に比べて早婚であり，とくに女性の結婚年齢は10代半ば過ぎであったことから，娘たちの集団の記録は少ない。

写真1-1　東京都江東区富岡八幡宮の力石

　明治期になると，それまではごく一部で用いられていた青年という呼称が広まりをみせた。教育機関の用例としては，1870（明治3）年に速成士官育成のために大阪に建設された陸軍兵学寮青年学舎，1878（明治11）年の静岡県杉山青年報徳社，1879（明治12）年の福島県青年学校仮規則などがある。また，東京でも1876（明治9）年，府知事に私学青年学校の開学願が出され，1880（明治13）年に東京基督教青年会が結成された。

　東京という区域の設定は，1871（明治4）年の廃藩置県に始まり，そ

の後の新三法（郡区町村編成法，府県会規則，地方税規則），市制・町村制制定を経て1889（明治22）年の府県制・郡制制定によってほぼ定着した。さらに，1893（明治26）年には三多摩が神奈川県から移管された。江戸が東京と改められ，拡張され，首都としての制度や組織が整備されるにつれて，全国各地から若い世代が東京に集まり始めた。彼らは，新しく建てられた工場の労働者であり，政府機関の官吏であり，また高等教育機関に学ぶ学生であったが，その一部は青年という呼称を意識するようになった。その中心は，主に士族と豪農・豪商層出身のエリートであり，新しい社会階層となった学生，書生たちであった。

　明治政府は富国強兵・殖産興業策をすすめるために教育制度の普及と徴兵制度の確立を急いだ。そこでは，若い世代に有為の労働者として，また，兵士として国家に貢献することが求められた。それは従来の若者とは異なる「一人前」の要求につながった。時代の推移にしたがってこの要求は全国の若い世代に浸透していくが，その洗礼を真っ先に受けたのは先に述べたような東京に集まった学生，書生たちであった。彼等は新しい社会，国家意識の持ち主であり，伝統的価値意識と秩序の崩壊を前に，新たな知識の吸収と並行して自らの内面形成の課題に取り組んだ。また，経済的にもその余裕を持てる人々であった。

2. 東京基督教青年会（東京 YMCA）

　近世の若者像は，明治期に「青年」という用語に置き換えられていった。その例として，本節では，東京基督教青年会（Tokyo Young Men's Christian Association）と同会を設立した小崎弘道（1856-1938）を取り上げたい。

　青年という用語の教育史上の用例として小崎の発言がしばしば引用される。小崎は，新島襄の後任として同志社の校長（1890～1897）を務め，

さらに東京の京橋教会，赤坂霊南坂教会の牧師を務めた。日本基督教連盟，日本基督教会同盟，海外基督教伝道教会，日本福音同盟会，日曜学校協会，南洋伝道団等の代表となり，戦前の日本において海老名弾正，宮川経輝とともに組合教会を担う重鎮といえる人物であった。

　1873（明治6）年，日本基督教公会が創立され，翌年にはキリスト教禁制の高札が撤去された。明六雑誌が発刊され，築地大学，同人社，東京基督公会（新栄教会）が創立され，前後してキリスト教系のフェリス女学校，立教学校，同志社，神戸女学院，青山学院などが開校された。明治期という新しい時代をむかえて，キリスト教は，日本の文化と教育に影響を与えていくことになった。

写真1-2　小崎弘道（国立国会図書館所蔵）

　小崎は代々熊本の細川家に仕えた武家の出身で，藩校時習館を経て，明治維新後は海老名弾正，浮田和民，横井時雄，金森通倫たちとともに熊本洋学校に学んだ。彼は，当初，儒教の道を志していたが，アメリカ

人教師のジェーンス（Leroy Lansing Janes 1838-1909）の教えを受け，1876（明治 9 ）年に熊本バンドに加わりキリスト教の宣布を決意した。その後，京都の同志社に入学して新島襄の下で学び，1879（明治12）年には同校を卒業して東京で活動を始めた。1880（明治13）年，植村正久，井深梶之助，田村直臣，平岩愃保と協力して，京橋鍛冶町に東京基督教青年会を設立して初代会長となった。小崎は，その設立経過について次のように述べている[1]。

　　（明治）13年の始め神田乃武が米国より帰朝した時，彼地青年会の運動の様子を語り，日本にも其様な団体が欲しいものだと話した。当時大学教授デイックソンは市内在住の西洋人間に青年会を組織して居たので，私供も之に倣い同年 5 月愈々此会を発起し，第 1 回の会合を田村君の牧した銀座教会に催した。青年会なる名称を始め規則万端は米国青年の夫に倣ひ私の草案したものである。『青年』という語は今でこそ普通用語となつたれ，私の発案した頃には『ヤングメン』の適当なる訳に窮し『若年』『壮年』又は『少年』などという語を用いて居った。（カッコ）内は引用者

　以上のように，小崎は Young Men の訳として「青年」をあて，これは唐詩選の「宿昔青雲志蹉跎白髪年」の青雲の志に因んだものと述べている。彼の言によれば，明治期の青年像は，東京 YMCA に由来することになる。

　東京 YMCA 発足の年，小崎中心に機関誌『六合雑誌』が創刊され，若い世代への啓発活動が行われた。六合は宇宙の意味で，第 1 号には発行の趣意が示されている。そこでは，キリスト教が人生にとって不可欠な道理であり，文明の精神の基礎であること，したがって，有志と計っ

---

1 ）小崎弘道『小崎全集』（自叙伝）第三巻，1938年，pp.42〜43。

て修身の道理を説き，キリスト教の真理を公にするために東京YMCA
を設立したことが宣言されている。この雑誌は宗教論のみを掲載したの
ではなく毎号の社告にも「此雑誌ハ宗教修身学術教方政治経済等凡ソ世
ノ風俗ヲ補ヒ実益ヲ禆クル記事論説ヲ掲グモノナリ」とある。実際に，
「火傷ノ妙薬」，「水ニ溺レザル法」，「人工呼吸法」，「牛肉ヲ軟カニスル
ノ法」などの実用記事，欧米文化一般の紹介があった。

　東京YMCAの活動として公開演説会が開かれて多くの聴衆を集め，
演説会は，民衆に対する新しいアピール方法の提示ともなった。また，
1886（明治19）年からは，地区別の部会として，麻布青年会，牛込青年
会，下谷青年会，赤坂青年会，本郷青年会，麹町青年会などが各地区教
会の若い信徒を中心に組織され，会規則も整備された。

　YMCAは都市部の大学に隣接して開設されたこともあって，多くの
学生たちを惹きつける活動ともなった。明治期の青年の用例はこれ以前
にもみられるが，東京YMCAの青年像は新しい国家や社会のあり方を
模索し，内面的にも煩悶する都市の若い世代像を象徴する言葉となり，
森鷗外，夏目漱石の小説の題材としても取り上げられて社会の中で普及
した。キリスト教を意識する形で仏教青年会が生まれ，山本滝之助の
『地方青年団体』にみられるように地方青年団体の運営自体に影響を与
えることになった。

3. 陸軍兵学寮青年学舎にみられる「青年」像

　第2節では，東京YMCAを例にした青年像を取り上げたが，ここで
は，大阪の兵学寮青年学舎について述べたい。

　最初に，本節で取り上げる青年像に関わる大村益次郎（1825-1869）
について述べておきたい。大村は，長州藩出身で，日本の近代兵制の父
と言われ，司馬遼太郎の『花神』という小説の主人公である。NHKの

大河ドラマでは中村梅之助の好演が話題となった人物像でもある。大村は，現在の山口県山口市鋳銭司（すぜんじ）の村医者の子として生まれた。シーボルト門下の梅田幽斎の教えを受け，さらに，広瀬淡窓の咸宜園，緒方洪庵の適塾，長崎の奥山静叔の下で医学，蘭学，漢籍，算術を学び，適塾では塾頭に進んだ俊才であった。本職は医者であったが，幕末期の政治情勢と蘭学知識の必要性から宇和島藩に求められて西洋兵学，蘭学講義を担い，江戸幕府の蕃書調所教授も務めている。

写真1-3　大村益次郎の肖像（写真提供 ユニフォトプレス）

　その後の大村は，長州藩からの要請で帰郷し，兵学校教授役となり，西洋兵学の講義の傍ら，幕府との全面戦争に備えた兵器調達，農商兵を含めた兵制改革をすすめた。その結果，長州藩は，幕府による「長州征伐軍」を退け，大村は，その後の討幕戦争，上野戦争を参謀として指揮した。明治維新後は，近代兵制の整備をすすめ，初代の兵部省大輔（次官）となった。1869（明治2）年に京都で暗殺されたが，彼の構想は，

新政府の中で継承されて日本の近代兵制の基礎となった。

ここで注目したいのは，大村が計画した軍学校とそこでの青年像である。明治新政府による最初の軍学校は，1868（慶応4）年8月，京都に開校した兵学校であった。東北地方では戦闘が継続していた時期である。7月の太政官布告によれば，生徒は「先宮堂上及非蔵人諸官人等望ニ隋ヒ入学可致候」[2]と想定していた。天皇直属の家臣とその子弟を天皇直属の士官として育成することを目的としたものであり，練兵，兵学，洋学，数学がその教育内容であった。しかし，公家と公家侍の入学希望者は少なく，兵学校教授の大島万兵衛は農兵式の導入を要望した。

1869（明治2）年9月，新政府の軍務官は兵部省となり，所管する軍学校は大阪に移転して兵学寮となった。兵部省の「兵学寮入学規則」[3]によって身分にかかわらず生徒が募集されることになった。1870（明治3）年4月の太政官布告によって大阪陸軍兵学寮の学舎規則が確定し，幼年学舎，青年学舎の名が公布され，全国諸藩から貢進生が集められた。ここでの青年学舎は，中堅士官の養成を目的としたものである。

大阪に陸軍兵学寮が建設された背景には，日本の近代陸海軍設立の方針および人材育成策をめぐる対立があった。それは，諸外国の脅威に対する軍備拡張に関して陸・海軍のどちらを優先するか，政府直属の軍隊をどのように編成していくかという問題であった。大久保利通らは，維新戦争の中心となった薩摩，長州，土佐藩を中心とした兵を東京にとどめて御親兵とし，諸外国の脅威を防ぐための海軍振興優先論を唱えた。これに対し，大村益次郎らの案は全国から広く兵を募集し，訓練して政府直属の陸軍を確立しようというもので，農民中心の国民皆兵を検討していた。そのため，フランス，イギリス，プロシャから各藩が別々に導入していた兵式の中からフランス式を採用した。当時のフランスは徴兵

2）「兵制ニ関スル建言書寫」（早稲田大学社会科学研究所『中御門家文書』下巻，1965年）に所収。
3）明治二年太政官布告五九三号（内閣官報局『法令全書』第二巻・1898年，37ページ）。

制による世界有数の陸軍を維持していたこともその理由であった。

　1869（明治2）年11月に大村は死亡したが，その遺策は，山田顕義，原田一道，曽我祐準，船越衛たちに受け継がれ，1870（明治3）年に実現した。

　それでは，兵学寮青年学舎にみられる青年像はどのようなものであったのだろうか。1870年4月の太政官布告では，青年学舎は次のように説明されている[4]。

　　青年学舎
　　此学舎ハ生徒ヲシテ速ニ生業セシメ目今ノ用ニ供スルヲ以テ第一ノ着眼トス故ニ専ラヲ技芸ヲ先ニス幼年学舎ノ生徒ニ比スレハ年齢梢長スルヲ以テ科目渾テ簡易ニ従ヒ生徒ヲシテ倦サラシムルヲ要ス
　　―中略―
　　陸軍撰士之部
　　青年学舎
　　　府藩県華族士族庶人ニ拘ラス廿六歳以下身体強壮ニシテ疾病無之者願出候ハ左之件々吟味之上入寮差許候事

　青年学舎の科目は算術，代数学，幾何学，陸軍日典，野戦要務，築城，三兵練法，用兵学，馬術，図学であり履修期間は1年半ほどである。幼年学舎が歩兵生徒，騎兵生徒，砲兵生徒，造築兵に分けて16〜25の及第科目を最低4年間学ぶことと比較すると，青年学舎は教育時間，科目数ともに縮小された教育期間，教育課程である。

　兵学寮は海陸両軍の士官養成をうたっているが，これより先，1869年9月に東京の築地に海軍操練所が設置され，実際には，東京で海軍が，

4）明治三年太政官布告二五九号（前掲『法令全書』第三巻，156ページ〜）。

大阪で陸軍がそれぞれの教育機関を発足させている。兵式については，フランス式の横浜語学所の教官が採用された。生徒は，実際入学したのは各藩からの貢進生であったが，幼年学舎，青年学舎ともに華族，士族，庶民と身分にかかわらず入学が認められていた。

　幼年学舎が19歳以下の者に基礎からの教育課程を準備して中核士官の養成を目指したのに対して，青年学舎は19歳から26歳以下の者を対象に，速成教育による士官育成を目的としていた。

　「青年」学舎は大阪兵学寮のみの呼称であり，そこには，大阪兵学寮を構想した大村益次郎と彼に連なる人々の姿が連想される。大村が大阪での兵学寮建設にこだわった理由は，木戸孝允の「朝鮮出兵」論に対応したものであり，さらに，その後の西南戦争を想定していたという曽我祐準の証言もある[5]。

　また，大村がイギリス式の志願兵ではなく，フランスの徴兵制を採用した理由は以下のように指摘されている[6]。

（1）明治元年の陸軍編成法による各藩から徴兵に失敗した

（2）士族兵による国軍編成は統制の困難が予想される

（3）長州藩時代の奇兵隊活躍の経験がある

（4）近代戦における兵力補充の必要性を認識した

（5）職業軍人である士族兵と比較し経費が縮小可能である

　それは，各藩の思惑に左右されない近代陸軍建設の選択であった。その人材育成の場が大阪の兵学寮であり，中でも，速成の士官教育の場が青年学舎であった。以上から兵学寮青年学舎の「青年」像を考えると，（イ）年齢的にはおよそ19〜26歳まで，（ロ）一定の基礎学力を身につけ，（ハ）近代陸軍の士官候補であり，（ニ）農民兵を中心とした徴兵制度を展望したもの，と言えよう。

　廃藩置県が実施された翌1872（明治5）年，陸軍兵学寮は新しくでき

5）曽我祐準『曽我祐準翁自叙伝』1930年，203ページ。

6）松下芳男『徴兵令制定史』1943年，91〜94ページ。

た陸軍省のある東京に移された。兵学寮の幼年学舎は幼年学校に改称され，新たに士官学校，教導団が置かれることになり，青年学舎の名称はなくなった。発足以来，わずか2年余りのことである。

　しかし，それは小崎弘道が東京基督教青年会を提唱する10年前，大阪でもう一つの「青年」像が出発していたことを意味する。近代的な徴兵制を視野に置いた青年学舎は，主に20代前半の年齢層を対象としている。これは，近世の若者組が10代前半から30前後までを意味していたことと比較して，かなり短期間である。ここでの「青年」は陸軍がつくり出した新しい年齢区分と言える。一定の基礎学力を身につけた者という入寮条件を考え合わせると，「青年」の背景に軍事，教育両面からの国家的意図が見えてくるのである。

おわりに

　江戸から明治へと，「若者」という言葉から「青年」への変更が続いた。登場した当初の「青年」には，若い世代の新しい社会への期待が込められていた。一方で，そこには国家による青年期への要求が存在していたことも確かである。本章で取り上げた東京YMCAは，都会で学び，生活するエリートたちの青年像であり，対して，兵学寮の青年像は，国民皆兵のための速成士官の養成にあった。青年期をめぐる二重構造ともいえるこの分裂は，第二次世界大戦前の日本で拡大，継続していくことになったが，この点は，章を改めてお話ししたい。

　近年，メディアにおいても，若い世代との話の中でも「青年」という言葉はほとんど登場しない。大学生たちに「みなさんは青年ですか」と尋ねると困惑した表情をみせる。行政文書，学術論文等には存在しても，現在の若い世代は自分たちを説明する呼称として「青年」を放棄してしまったように思える。現在，明治初期から「青年」に駆逐され続けた「若

者」が，140余年を経て確実に復権しつつある。若者という言葉が，改めて自然な形で用いられているのはなぜだろうか。

　「青年」は，明治以降の急速な西洋化，近代化の過程でつくり用いられた年齢区分であった。そこでは，人間の成長や発達について国家的，社会的な意図が優先され，地域のなかで大人になる過程が軽視されてきた弊害も否定できない。「若者」の再登場は，これまでの青年期を問い直し，若い世代自らが新しい育ち方と生き方を模索している証左として捉えることも出来よう。

参考文献

多仁照廣『若者仲間の歴史』日本青年館，1984年
瀬川清子『若者と娘をめぐる民俗』未来社，1972年
田嶋一『〈少年〉と〈青年〉の近代日本：人間形成と教育の社会史』東京大学出版会，
　2016年
奈良常五郎『日本YMCA史』日本YMCA同盟，1959年
落合則男・日本YMCA同盟『日本YMCA運動史資料集』第一集，1983年
『東京都教育史通史編』第1巻，都立教育研究所，1994年
柳生悦子『史話まぼろしの陸軍兵学寮』六興出版，1983年
矢口徹也「明治期における『青年』概念の登場――兵学寮青年学舎を中心に――」
　『東京都教育史年報』第2号，都立教育研究所，1993年

2 | 通俗教育，社会教育行政と青年団体

矢口徹也

　現在，人生を通じた学びのあり方は，生涯教育と呼ばれている。明治期，学校教育以外の教育は，通俗教育として登場し，その後，社会教育と改称された。社会教育が生涯教育の中に位置づけられていくのは，第二次世界大戦後1960年代以降のことである。本章では，日本で，通俗教育，社会教育が登場してきた背景と，明治，大正期に社会教育の主な対象となった青年団体について考えていきたい。

　ここでは，通俗教育と社会教育（第1節），地域青年団の結成（第2節），明治神宮造営と日本青年館（第3節）の順で述べる。

《**学習の目標**》　第二次世界大戦前の日本で，学校教育を補完する形で，通俗教育，社会教育が登場した理由とその役割について学ぶ。また，明治神宮外苑造営と日本の青年団活動との関係についても理解を深める。

《**キーワード**》　通俗教育，社会教育，青年団，山本瀧之助，田澤義鋪，日本青年館

1. 通俗教育と社会教育

学制頒布と就学率

　1872（明治5）年に学制が頒布された。その際の太政官布告には，「自今以後一般ノ人民華士族卒農工商及婦女子必ス邑ニ不学ノ戸ナク家ニ不学ノ人ナカラシメン事ヲ期ス人ノ父兄タル者宜シク此意ヲ体認シ其愛育ノ情ヲ厚クシ其子弟ヲシテ必ス学ニ従事セシメサルヘカラサルモノナリ」とあり，四民平等の教育とそのための保護者たちの自覚を促すもの

であった。続いて，「高上ノ学ニ至テハ其人ノ材能ニ任カスト雖トモ幼
童ノ子弟ハ男女ノ別ナク小学ニ従事セシメサルモノハ其父兄ノ越度タル
ヘキ事」と記され，男女平等の教育が奨励された。

　明治期の学校制度の普及は，天皇制統一国家の臣民を育成し，義務教
育によって読み書き算術を中心とした基礎学力の徹底を図るものだっ
た。しかし，学制発足5年後の1877（明治10）年の就学率は，男子
58.2%，女子22.6%であり，10年後の1882年時点でも男子67%，女子は
33%に留まっていた。政府はその原因を学校教育の効用が国民に徹底さ
れていないためと考えて，一般大衆を対象とした通俗教育を進めること
になった。

通俗教育の振興

　明治維新によって，それまでの幕藩体制から天皇制統一国家への転換
が進められた。版籍奉還，廃藩置県は，多くの人々に反発と混乱とをも
たらすことになった。この事態に，明治新政府は大教宣布運動という
国民教化活動を開始した。

　大教宣布運動は，神道による国民思想の統一，国家意識の高揚を図っ
たもので，神祇官（1868），宣教使（1969）による国民教化が進められた。
1870（明治3）年には，明治天皇の名で，大教宣布の詔が出され，
天皇は神格化されて神道は国教になった。1872（明治5）年には，教部
省が設置され，敬神愛国，天理人道，皇上奉戴という三条の教則が宣
布された。大教宣布運動は，神官，僧侶を動員して進められたが，仏教
界からの反発もあり教化活動は停滞を余儀なくされた。しかし，この運
動は，当時の文明開化に一定の貢献を果たし，日本の近代社会教育政策
の始まりとも言われている。

　明治初期からの一般民衆を対象とした教育方法として，図書館，博物

館，新聞 縦 覧所が設置された。書籍，展示物を通じて，民衆の啓発を
行うことがその目的だった。これらの施設での教育は，通俗教育と呼ば
れ，1885（明治18）年から文部省学務局第三課の所掌事項となった。先
述したように，就学率向上が課題となると，地域の教員組織である教育
会も通俗教育の担い手とされて，学齢期の児童の保護者，地域住民に教
育の効用を伝えるために，教育品展覧会，通俗教育談話会，幻灯会（ス
ライド）が開催された。また，学校に教育会図書館を置いて人々に平易
な書籍を提供し，小学校教師と地域住民との間に信頼関係をつくること
によって，地域教育の振興を図ることも課題となった。

通俗教育から社会教育へ

　1892（明治25）年，通俗教育に関する文献として，山名次郎著『社会
教育論』が刊行され，日本最初の社会教育論として注目された。明治期，
社会教育という用語は，社会主義を連想させるものとして政府から忌避
されていたが，山名の著作の影響もあって徐々に社会に浸透していくこ
とになった。行政組織として社会教育が用いられるのは，大正期のこと
である。
　第一次世界大戦後の教育制度改革を目的として開催された臨時教育会
議（1917～）の答申により，1919（大正 8 ）年，文部省普通学務局内に
通俗教育，図書館，博物館，青年団体の担当課が設置された。1920（大
正 9 ）年には，地方学務課内に社会教育主事が置かれ，さらに，翌1921
年の文部省官制改正によって通俗教育の用語は社会教育に改められた。
1924（大正13）年，文部省に社会教育課が置かれると，事務分掌は， 1 ）
図書館および博物館， 2 ）青少年団体および処女会（女子青少年団体），
3 ）成人教育， 4 ）特殊教育， 5 ）民衆娯楽の改善， 6 ）通俗図書認定，
とされた。

　1929（昭和4）年に文部省社会教育課は社会教育局となり，その分掌事項も，1）青少年団体，2）青年訓練所，3）実業補習学校，4）図書館，5）博物館その他観覧施設，6）成人教育，7）社会教化団体，8）図書の認定と推薦，9）その他社会教育に関する事項，に拡大している。通俗教育から，社会教育に改められる中で，地域で働く青少年への教育が重視されることになった。

2. 地域青年団

青年会，青年団の結成

　第1章で述べたように，江戸時代から地域には若者仲間と呼ばれる青年集団があり，村の自治と教育に関わる役割を担っていた。若者仲間は明治期以降も継続して地域に存在していたが，1880年前後から青年会，夜学会などの新しい活動が生まれた。それらの会は，若者仲間を母体にしながら，学校教育制度の普及，YMCAなどの影響を受けて，知識の習得，風紀の改善，農事の改良などを行った。

　明治政府は，当初は「徒党を組む」として若者たちの活動を警戒していたが，次第にその役割に注目するようになった。とくに，日清戦争（1894～），日露戦争（1905～）を契機として，地域の青年会組織の活用を考えるようになった。日清日露戦争は，明治期における本格的な対外戦争であり，戦争とは村から若い「男手」がいなくなることである。そのような時に，出征する兵士たちの歓送，凱旋，また，留守家族を支援した地域の若者たちの役割が重視されることになった。これ以降，戦時下における青年会の銃後活動は注目され，政府の勧奨が進められていった。

山本瀧之助『田舎青年』

　山本瀧之助（1873-1931）は「青年の父」と呼ばれた人物である。広島県沼隈郡千年村（現・福山市）の農家に生まれ，小学校卒業後は村内の小学校の教員をつとめながら地域の伝統的若者集団の改革に取り組み，「好友会」という青年会を結成した。1905（明治38）年には，小学校校長となって，社会に新しい青年集団結成の必要性を訴えた。

　1889（明治22）年に大日本帝国憲法が公布されると，立憲体制の動きに刺激を受けた地方の若者たちの間で，都市部の学生，書生だけが新しい社会を担う「青年」とされることへの反発が生まれた。それは，東京YMCA の活動に象徴されるような都市部の活動に対し，地方農村部で生活する若者の存在の主張であった。

　山本瀧之助は，多くの青年団体機関誌を発行し，1896（明治29）年には『田舎青年』を出版して全国の教育関係者から注目された。山本は，「田舎に住める学校の肩書なき卒業証書なき青年」に目を向けて，「田舎青年」の教育機会の必要性を述べている。その上で，彼は地域青年会設立のために全国を巡回公演して青年会結成とその全国的な組織化に尽力した。結成された組織は，都市部の宗教青年会と区別するために青年団と呼ばれるようになった。山本の活動は，後述する田澤義鋪に影響を与え，日本青年館の建設，大日本連合青年団結成にも結びつくことになった。

青年団訓令

　1905（明治38）年，文部省は青年団の存在に注目して，「地方青年団体の誘掖指導ならびにその設置奨励について」（地方長官宛通牒）を発した。これ以降，地域の青年団体の結成が進み，1910（明治43）年，名古屋市において全国青年大会が開催された。1915（大正4）年，内務

省・文部省訓令が出された。その目的は次のように説明されている。

　青年団体ノ設置ハ今ヤ漸ク全国ニ洽ク其ノ振否ハ国運ノ伸暢地方ノ
　開発ニ関ズル所殊ニ大ナルモノアリ此ノ際一層青年団体ノ指導ニ努
　メ以テ完全ナル発達ヲ遂ケシムルハ内外現時ノ情勢ニ照シ最モ喫緊
　ノ一要務タルヘキヲ信ズ―中略―抑々青年団体ハ青年修養ノ機関タ
　リ其本旨トスル所ハ青年ヲシテ健全ナル国民善良ナル公民タルノ素
　養ヲ得シムルニ在リ随テ団体員ヲシテ忠孝ノ本義ヲ体シ品性ノ向上
　ヲ図リ体力ヲ増進シ実際生活ニ適切ナル智能ヲ研キ剛健勤勉克ク国
　家ノ進運ヲ扶持スルノ精神ト素質トヲ養成セシムルハ刻下最モ緊切
　ノ事ニ属ス―後略

　ここでは，戦前の青年団体設置に関する基本方針が示され，それに
従って全国での青年団体の組織化が進められ，1916（大正5）年には青
年団中央部が東京に設置された。

3. 明治神宮造営と日本青年館

田澤義鋪と明治神宮造営

　2021年夏，東京オリンピックの開会式が行われた国立競技場，周辺の
神宮球場，秩父宮ラグビー場などは明治神宮外苑に存在し，日本の青年
団運動と関係ある施設である。ここでは，青年団による明治神宮造営，
外苑整備を発案した田澤義鋪（1885-1944）について述べておきたい。

　田澤は，佐賀県鹿島市出身の内務官僚であり，選挙腐敗の防止（選挙
粛正と政治教育活動），青年団運動への貢献から「青年団の父」と呼ば
れている。

　1910（明治43）年，田澤は25歳で内務省から出向して静岡県安倍郡の

写真 2 - 1　田澤義鋪（日本青年館所蔵）

郡長を務めた。任期中，若い郡長として同世代の若者たちと寝食をともにした交流活動を行った。その経験から，地域の発展のために働く若者の教育，修養の必要性を考えたことが，彼が青年団活動に尽力していく出発点になった。

　1915（大正 4 ）年，田澤は，内務省明治神宮造営局総務課長に異動した。明治神宮造営は，明治天皇一年祭を機に発足したが，第一次世界大戦による物価高騰により予算に支障が生じていた。そこで，彼は，全国から青年団員たちを集め，勤労奉仕によって明治神宮を造営することを提案し，実行に移した。地方の青年団員たちは，団体ごとに上京して10日間滞在し，奉仕の造営活動に加えて，講習会，朝夕の行事，東京見学などで過ごし，修養機会になるように工夫されていた。

　現在の明治神宮や外苑の木々は，造営奉仕作業のために全国の青年団員が各地から持ち寄ったものであり，100余年を経た現在，緑豊かな「神宮の杜」になっている。この「神宮の杜」のアイデアは，奇しくも，東

京オリンピック（Tokyo2020）会場となった新国立競技場が日本全国からの木材で建設されたことに繋がるものである。

　1920（大正 9 ）年，明治神宮鎮座祭が行われた。全国青年団明治神宮代参者大会が開催され，青年団代表者は高輪御所で当時の皇太子（のちの昭和天皇）から令旨を下賜された。これを記念して，神宮外苑に青年団のための施設として日本青年館の建設が決まった。1924（大正13）年には，第 1 回明治神宮競技大会（現在の国民体育大会）が開催され，翌1925年には，青年団の全国組織である大日本連合青年団が結成され，施設としての日本青年館も竣工した。

　山本瀧之助，田澤義鋪による地域青年団の結成と全国組織結成の構想は，文部省，内務省が地域青年団の役割に注目したことで急速に進み，明治神宮および外苑の造営作業を契機にして具体化することになった。現在も，明治神宮外苑には，日本青年館，多数の余暇文化，スポーツ施設が存在している。それらの多くは山本や田澤が抱いた全国青年団の構

写真 2 - 2 　1980年代の明治神宮外苑鳥瞰写真（日本青年館所蔵）

想から生み出されたものである。

勤労青年教育制度の整備

　1893（明治26）年, 実業補習学校が設立された。これは, 初等教育終了後に働く多くの青少年のための補習教育を行う制度であった。

　次の1920年時点での日本の学校系統図をみてもらいたい。第二次世界大戦前の日本の教育は「青年期教育の二重構造」といわれる制度となっていた。つまり, 小学校（12歳まで）は同じ教育を受けるが, それ以降の学校体系は, 一方で, ごく少数の男子のみが中学校, 高等学校, さらに大学に進学し, もう一方の他の男子たちは小学校から 2 年間の高等小学校に進み, 十代半ばで就労するという二重構造となっていた。

　さらに, 女子の場合は, 小学校卒業後にごく少数が高等女学校に進学し, 大多数は高等小学校で学ぶことになった。加えて, 高等女学校進学者でも, 卒業後に男子と同様の高等学校, 大学に進むことは困難であった。したがって, 高等女学校卒業後は, 同校の専攻科で学ぶか, 女子高等師範学校（現.お茶の水女子大学・奈良女子大学）, 女子専門学校（日本女子, 津田塾, 医学, 薬学など）が限られた進路だった。この他に, 商工業, 農林水産の実業学校, 教員となる男女のための師範学校, 軍関係の学校が存在したが, 大多数の男女児童は初等教育段階で教育期間を修了した。実業補習学校は, この初等教育修了者を対象に, 働きながら学ぶ「低度」の教育機会を準備したものだった。

　明治期から大正期へと日本の産業基盤が整備され, 働く若者たちの職業教育の必要性が生じたこともあって, 文部省は青年団の振興策と並行して実業補習学校の普及を図り, この両者を連携させていくことが, 通俗教育, 社会教育の課題となった。

　第一次世界大戦の経験から日本でも総力戦体制の必要性が指摘され,

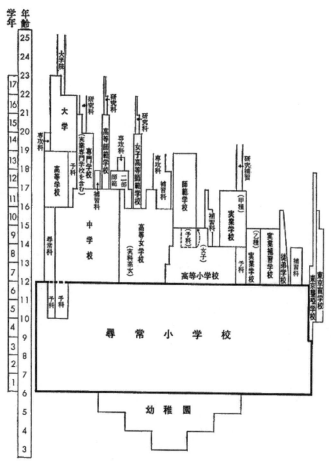

図2-1　1919（大正8）年の学校系統図（文部省『学制百年史　資料編』1981）

臨時教育会議では学校に兵式教練を取り入れることが提起された。その結果，中等学校以上の学校に現役陸軍将校を配属することになり（1925年），高等小学校を終えて働く若者に兵式訓練を行うために青年訓練所が設置された（1926年）。青年訓練所令は，その目的を「青年ノ心身ヲ

鍛練シテ国民タルノ資質ヲ向上セシムルヲ以テ目的」とするとして 4 年間の教練が実施され，修身，公民，普通学科，職業科が置かれた。

　第二次世界大戦前の日本では，中学，高校に進学せずに働く若者は，地域の青年団に所属し，実業補習学校で補習教育を受け，男子の場合，兵役に備えて青年訓練所で軍事教練の基礎を身につけることになった。なお，実業補習学校と青年訓練所とは，ほぼ同年齢の若者を教育対象としていたために，1935（昭和10）年に両者は統合されて青年学校となった。青年学校は義務制の教育機関となり，多くは小学校に併設され，教授，訓練科目として，公民科，普通学科，職業科，体操科，教練科が置かれた。また，地域の状況に応じた教育課程の編成が認められ，設置主体は道府県，市町村，組合，商工会議所および企業であった。女子には教練科を省いて家事および裁縫科，体操科が置かれた。

　第二次世界大戦前，小学校教員は訓導と呼ばれて各道府県におかれた師範学校で養成された。青年学校の発足によりその教員養成のための青年師範学校が設立されることになった。

参考文献

文部省編『学制百年史 資料編』帝国地方行政学会，1981年

文部省編『学制百二十年史』ぎょうせい，1992年

日本青年館史編纂委員会『グラフ　日本青年館と青年団──青年と青年施設の歴史──』日本青年館，1989年

日本青年館史編纂委員会『日本青年館七十年史』日本青年館，1991年

多仁照廣『山本瀧之助の生涯と社会教育実践』不二出版，2011年

田澤義鋪記念会『田澤義鋪選集』日本青年館，1967年

3 | 少年，少女像の誕生

少年，少女像の誕生

矢口徹也

　明治後期，日本の工業化が進み，行政組織，企業の発達につれて，都市部で少人数家族の「家庭」が増加した。この「家庭」は，転勤をともなうエリート社員（公務員）である夫，家事，育児を担う妻，さらに子どもたちによって構成された。「家庭」の子どもたちは，親から田畑，山林，工場などの財産を引き継げないため，両親は子どもの学歴獲得に力を注いだ。明治末から大正期にかけて中学，高等女学校進学のための受験競争が始まった頃，少年，少女を冠した雑誌が普及することになった。

　ここでは，登場した少年，少女像と中等教育との関係，また，学校制服と少年，少女像について考えてみたい。

《**学習の目標**》　日本における少年，少女像の登場が，工業化，都市家族の生活，男女別学の中等教育への進学に関連していることを理解する。

《**キーワード**》　中学校，高等女学校，少年，少女，高嶺秀夫，井口阿くり

....

1．中学校令と高等女学校令

『＜子供＞の誕生』

　フィリップ・アリエス（Philippe Ariès）は，『＜子供＞の誕生』（1960）の中で，中世のヨーロッパには教育，子ども時代という概念がなく，7歳以前の乳幼児死亡率が高く，5歳までは人数として把握されていなかった点を指摘した。7〜8歳を過ぎると労働に従事するようになるが，小さな大人として扱われ，子どもとしての教育的配慮はなかった，というのである。ジャン＝ジャック・ルソー（Jean-Jacques Rousseau）が

『エミール』（1762）の中で子どもは「小さな大人」ではないこと，その上で，誕生から12歳までを子ども時代と捉え，能力と器官を伸ばし完成させる教育を主張したのは18世紀のことだった。ヨーロッパでは，ルネサンス，市民社会，さらに産業革命を経て，それまでの徒弟修業ではなく，組織的な教育活動とそれを実現するための教育制度が注目されていった。並行して，子どもが社会の中で保護すべき存在として捉えられて，教育の対象となっていった。

中学校と高等女学校

日本では，子どもの存在を「子宝」として尊重する歴史はあったが，学校教育の対象としてその全体が捉えられていくのは明治期以降のことである。

第2章で述べたように，1872（明治5）年に学制が頒布された。就学率の向上に課題はあったが，1886（明治19）年に中学校令が出され，各府県で学校の設置が始められた。中学校（旧制）は，原則，男子を対象としたものであり，卒業後は，旧制の高等学校，帝国大学への進学につながる機関となった。女子を対象とした高等女学校制度も準備されるが，中学校に比べてその数は少なく，設立も遅れたために，女子中等教育は私学，とくにキリスト教主義の学校に依存するかたちとなった。公立高等女学校の整備が進んでいくのは，1899（明治32）年の高等女学校令以降のことである。

高等女学校は中学校と比較した場合，①中学校が修業年限5年であるのに対し，高等女学校の年限は4年とすることも認められた。②高等女学校は外国語の授業数が少なく，あるいは随意科目であった。さらに漢文はなく，数学，理系科目の時間数が少なかった。③物理，化学，博物が理科に統合されていた。④教科として裁縫，家事が特設され，修身と

音楽の時間が多かった。高等女学校は，中学校と異なり高等教育機関への進学を前提とした学校ではなかった。

都市東京の拡大と中学校，高等女学校受験

　明治初年の東京への遷都によって，政府，行政機関，大手企業の本社が東京に集中しておかれるようになった。鉄道が重要な交通手段となり，東海道線，東北線，上越線，信越線，中央線，総武線等の幹線が，東京を起点として敷設されていった。世界の大都市と同様に，各幹線の出発駅を結ぶ連絡経路として山手線が整備され，中央停車場として東京駅が建設された。近年，再整備された煉瓦造りの東京駅舎は日本の中央駅の存在を示すものであり，近代化のシンボルとなる建築物であった。

　東京駅丸の内口は，大手企業，官庁に勤務する人々が通勤する際の乗降口となった。大手企業の社員，官吏は安定した雇用と俸給を得て，山手線，さらに放射状に敷設された私鉄沿線の住宅で生活した。彼らの多くは学歴を得て就職し，その後，家事と育児を担う女性と結婚して家庭を持った。しかし，安定した雇用と俸給を得たサラリーマン家族ではあるが，次世代に受け継がせる資産は限られたものであり，それゆえ，子どもたちの進学に力を注ぐことになった。大正期以降，名門と呼ばれる中学，高等女学校への受験競争の過熱化が進み，文部省は1927（昭和2）年に中学，高等女学校受験に際しての筆記試験禁止を指示する事態となった。

　都市としての東京が整備されると，並行して都市型家族が増加し，子どもたちの受験競争が拡大していった。

2. 少年少女雑誌の登場

　1877（明治10）年，陽 其二によって活版印刷による日本初の子ども向け投稿雑誌の『穎才新誌』が刊行された。10代前半の子どもたちの作

文，紀行文，和歌，俳句，詩，書画などの投稿が掲載され，読者間の議
論も誌上で紹介された。同誌では，当初，男女とも少年として扱われ，
男女の読者を対象として刊行されていたが，中学，高等女学校という男
女別学制度が普及するにつれて男子が読者の中心を占めることになっ
た。

写真3-1　『穎才新誌』第二十号（1882.1）（都立多摩図書館所蔵）

写真3-2　『少年園』第一巻第一号（1888.11）（都立多摩図書館所蔵）

　1888（明治21）年，児童雑誌の『少年園』が創刊された。翌1889年から『少年之日本』，1890年には『少年文武』の創刊が続き，修身，歴史，文芸，娯楽記事が平易な文体で記述されて，小学校高学年から中学生の読者を獲得することになった。

写真3-3　『少女界』第一巻，第一号（1902.4）（東京大学大学院法学政治学研究科附属近代日本法政史料センター（明治新聞雑誌文庫））

　一方，日本最初の少女雑誌は1902（明治35）年の『少女界』であり，1906年の『少女世界』がこれに続いた。内容は，良妻賢母像を反映した読み物，実用記事であり，大人の女性たちも読者になった。少年を冠した雑誌，それに遅れて登場した少女雑誌の刊行は，年代を確認すると中学校，高等女学校制度が成立し，定着していった時期とほぼ一致している点に注目したい。日本では，都市部を中心に中学校，高等女学校を受験する子どもたちの増加に併せて少年・少女像が登場し，少年少女たちは，「家庭」の中で育ち，社会の中で上昇する手段として受験に直面し

ていくことになった。

　受験競争の過熱化を危惧した文部省が筆記試験を一時，中止としたことは先述したが，大正期には，都市部で生活する子どもたちの心身の脆弱さが問題視され，子ども集団，学校外の教育活動が重視されるようになった。イギリスのボーイスカウト，ガールガイド（アメリカ式は，ガールスカウト）が子どもたちの社会教育として日本に紹介され，少年団，女子補導団として活動を開始したのは大正期のことである。

　都市型の家族である「家庭」では，性別役割分業観にもとづき女性が主婦役割を担った。家庭という用語は，1874（明治7）年の女子師範学校の教科内容としてあらわれ，1876（明治9）年に福沢諭吉の『家庭叢談』，1892（明治25）年には徳富蘇峰『家庭雑誌』が創刊されている。家庭雑誌の『主婦の友』の登場は1917（大正6）年のことである。『主婦の友』には，衛生観念を重視した育児，家族の栄養管理，さらに子どもの勉強部屋についての記事が掲載されている。主婦は，当時のエリート・サラリーマンの妻であり，学歴再生産のための担い手ともなっていったことがわかる。

3．学校制服の洋装化

　日本における洋装の導入は，16世紀以降のことであり，「襦袢」，「合羽」などはポルトガル由来といわれている。江戸幕府の鎖国政策によりしばらくその動きは凍結されるが，幕末期になって各藩は洋式兵装を積極的に導入した。

　兵装を中心とした洋装化の動きは，明治初期からの男性官吏，軍人，男子学生の洋装化につながっていった。一方，女性の洋装は，皇族，華族女学校（現．女子学習院），さらに女子師範学校で導入が試みられることになった。学校に限定して言えば，男子学生服は，1872（明治5）

年の第一番中学（東京大学の前身のひとつ）でブレザー・ズボンのスタイルが導入され，1886（明治19）年の帝大服制伺では現在の詰襟制服が定められている。この詰襟制服は，1890年代には，東京府尋常中学校（現在の都立日比谷高校）を始めとして全国の中学校に普及していった。

写真3-4　東京府尋常中学校　1891年（東京都立日比谷高等学校）

　男子学生服の洋装化の普及，拡大に対して，女子の洋装化は遅々として進まなかった。

　1872（明治5）年，東京女学校開校に際して，士族男性の礼装であった袴（男袴）着用が指示され，1875（明治8）年の東京女子師範学校では，緋色と浅黄色の立縞木綿袴が官費支給された。しかし，1879（明治12）年，女性の男袴着用への批判から東京女子師範学校の袴は廃止された。1883（明治16）年，文部省普通学務局長は，「奇異浮華」の習風として袴と靴のスタイルを禁止している。その背景には自由民権運動に対抗する徳育強化と教育統制があったともいわれている。

　1885（明治18）年，華族女学校で，下田歌子考案によるスカート状の
「行灯 袴」が標準服とされ，革靴の着用も認められた。森有礼文部大臣
卿による儒教主義教育政策の見直しが行われ，条約改正にむけた鹿鳴館
時代の動きであった。1886（明治19）年，高等師範学校女子師範学科（東
京女子高等師範学校，お茶の水女子大学の前身）では，女子生徒の洋装
化が指示され，翌1887年，華族女学校でも生徒の洋装化が通知された。
続いて各府県尋常師範学校女子生徒も洋装制服が採用されたが，1889
（明治22）年，森有礼文政が終わり，翌年に教育勅語が制定されると，
封建的体制への回帰から和装復帰が定められているのである。
　二転三転する女子制服の洋装化，和装化の動きの中で，1894（明治
27）年，ドイツ人医師 E. ベルツ（Erwin von Bälz 1849-1913）は，大
日本教育会で講演を行っている。そこでは，日本女性のバッスル・スタ
イルは着馴れないとして，日本服と袴の組合せを提起した。さらに，
1899（明治32）年，ベルツは大日本婦人衛生会で女子体育の重要性と女
服改良とを提案した。同年には，外山正一文部大臣が体育での袴（女袴）
着用を奨励した。文部省訓令で学校衛生と体育への関心が高まった時期
であり，これ以降，「女袴」スタイルは，女子高等師範学校，附属高等

写真3-5　1897（明治30）年　女子高等師範学校附属高等女学校卒業写真
（本科）（お茶の水女子大学所蔵）

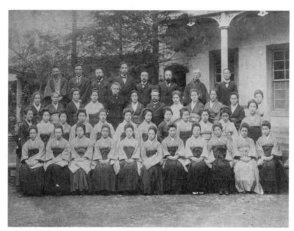

写真 3 - 6　1902（明治35）年　女子高等師範学校附属高等女学校卒業写真
（専攻科）（お茶の水女子大学所蔵）

女学校での着用を模範として全国に普及することになった。

高嶺秀夫と井口阿くり

　第二次世界大戦前の女子高等師範学校，附属高等女学校（現．お茶の水女子大学附属中学校，高等学校）は，日本の女子教育に関するモデル校の位置にあり，袴スタイルのみならず，教育内容，教育方法に関する新しい取り組みが行われていた。ここでは，同校で女子教育改革に尽力した高嶺秀夫（1854-1910）と井口阿くり（1871-1931）の役割について取り上げておきたい。

　高嶺秀夫は幕末期に会津藩校の日新館で学び，松平容保の小姓となった。会津戦争では藩主とともに籠城したため，明治維新後は，他藩での謹慎生活を送った。謹慎解除後，高嶺は慶應義塾で漢学，洋学を学び，その後，文部省留学生として師範学校調査を目的にアメリカで新教

写真3-7　高嶺秀夫（お茶の水女子大学所蔵）

育運動の中心だったオスウィーゴー師範学校（Oswego Primary Teachers' Training School）に赴いた。帰国後，高等師範学校（現．筑波大学），女子高等師範学校（現．お茶の水女子大学），東京美術学校・東京音楽学校（現．東京芸術大学）の教員，校長を務めている。子どもの直接経験，諸能力の開発を目指したペスタロッチ主義教育，開発教授法を日本に導入してその普及に貢献して「師範学校の父」と呼ばれた。

　高嶺は，生物学，動物学への関心から東京大学でE.モース（Edward Sylvester Morse）の助手をつとめ，師範学校で動物学を開講した。伝統文化への造詣も深く，伝統美術の保存を提唱したフェノロサ（Ernest Francisco Fenollosa, 1853-1908）との交流でも知られている。森有礼文部大臣時代，軍隊的要素による行軍旅行が計画された際，これに抵抗して教育的経験を重視した修学旅行に改めたことでも知られている。

　明治政府の中心は，薩摩（鹿児島県），長州（山口県）出身者が多くを占めていたが，教育の分野では高嶺の他，山川健次郎，新島八重，井

深梶之助等の会津藩出身者が現代につながる貢献をしていることにも注目しておきたい。

井口阿くり

　女子高等師範学校校長時代の高嶺が，女子教育，女子体育改革の担い手として期待した人材のひとりが井口阿くりであった。井口は，秋田県秋田市出身で，秋田師範学校女子教員養成部，さらに秋田県知事の推薦で女子高等師範学校に入学した。卒業後は，女子高等師範学校附属高等女学校，山口県の毛利高等女学校の教頭を経て，アメリカに留学し，帰国後は女子高等師範学校教授を務めた。

写真 3-8　井口阿くり（お茶の水女子大学所蔵）

　日清戦争以降，国内では，学校衛生と体育への関心が高まっていた。1899（明治32）年，井口は文部省留学生としてアメリカのスミス大学（Smith College）に派遣され，体育学，生理学を専攻し，翌年からはボ

ストン体操師範学校（Boston Normal School of Gymnastics）で体操科の他，解剖学，生物学，競争運動，心理学，教育学を学び，主席で卒業した。

　井口は，３年間の留学生活を経て帰国後，帝国教育会で「女子の体育について」の講演を行い，①日本の女子体育振興の必要性，②教育の目的は精神・身体両方の発達にあること，③体育振興のため，学校では体操・遊戯を管理し，衣食住・衛生面は主に家庭が管理して，学校と家庭とで協力すること，④体操教授では体操の種類より生徒と接する教師の技量がより重要であること，その上で，⑤女教師の必要性を指摘した。

　1903（明治36）年，女子高等師範学校の校長であった高嶺は，女子体育の改革，普及のため，同校に国語体育専修科を新設して，井口を教授としてむかえた。スウェーデン体操，ダンス体操，女子バスケットボール，さらにセーラー型の体操服を紹介している。井口が示した図版は，女子の洋装体操着と洋装制服の雛形ともなった。

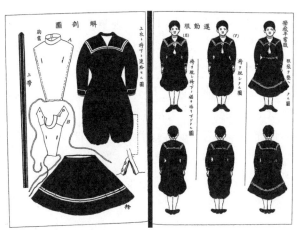

図３-１　井口あくり等著『体育之理論及実際』（国光社，明治39（1906）年）
　　　　　（国立国会図書館所蔵）

　男子生徒の洋装化と比較して，女子生徒の洋装化は紆余曲折を経て導入され，定着した。その背景には，日本人の体位向上と運動の必要性，衛生面での生活の改善という課題があった。欧米列強を強く意識した時代，将来，母親になる女学生たちへの体操が奨励され，袴着用が認められるようになった。袴姿とリボンで纏めた髪は，女子教育の象徴となり，その姿は今日の大学の卒業式にも続いている。

　やがて，大正の自由主義の時代，女学校にセーラー服が登場した。さらに，関東大震災の経験は服装の機能性重視をもたらし，それは女性の洋装化を加速させた。学校教育において女子の洋装制服が全国に定着していくのは昭和初期であり，それは男子と比べて半世紀近く後のことだった。この男女間の時期の格差は，男子中心に準備された戦前日本の教育制度とそこでの女性への差別に対応していた，ともいえよう。

おわりに

　日本における少年，少女像の登場は，日本での工業化，都市家族の生活，中等教育への進学に関連している。進学のための受験競争の過熱化から，都市で生活する子どもたちの脆弱さへの危惧が生まれ，それは校外教育の提起にもつながった。

　現在，中学，高校の制服のデザインが学校選択の要素になっている，という。制服（Uniform）には，実用性と同時に，文字通り統一性と帰属，統制に関わる側面が存在しているはずである。世界中の服飾文化を享受しているように見える今の日本において，学校の制服のデザインが進路選択に影響を与えている意味を，考えてみる必要があろう。

参考文献

フィリップ・アリエス著（杉山光信・杉山恵美子訳）『＜子供＞の誕生：アンシァン・レジーム期の子供と家族生活』みすず書房，1980年

佐藤秀夫編『日本の教育課題』2　服装・頭髪と学校，東京法令出版，1996年

水原克敏『近代日本教員養成史研究』風間書房，1990年

原克『サラリーマン誕生物語　二〇世紀モダンライフの表象文化論』講談社，2011年

今田絵里香『「少女」の社会史』勁草書房，2007年

難波知子『学校制服の文化史』創元社，2012年

4 │ 大正新教育と子どもの読み・書き文化

松山鮎子

2016年の連載開始以来，テレビアニメ化や映画化もされ，国内外で爆発的な人気を博した『鬼滅の刃』（吾峠呼世晴，集英社）。この作品の舞台は，大正期の日本である。昨今，この「鬼滅ブーム」をきっかけにして，大正時代の人々の暮らしや文化など，当時の社会そのものへの関心もにわかに高まっているが，では教育の視点からみた場合，大正期とはどのような時代だったのだろうか。本章ではそれを，教育と子どもの読み・書き文化に焦点を当て紐解いていく。具体的にここでは，デモクラシーの思想が台頭した大正期の社会状況をふまえて，当時欧米から導入された新教育の理論や実践がどのように国内で受容され，広がったのか，また，新教育の思想に通底する児童の個性や自主性を尊重する考え方が，子どもの読み・書き文化にどのような影響を与えたのかを学習する。

《学習の目標》 ヘルバルト教育学や新教育といった，欧米から受容された教育理論のそれぞれの特徴を確認し，大正新教育運動の下で具体的にどのような教育実践が展開されたのかを理解する。

《キーワード》 大正新教育，児童中心主義，八大教育主張

1.「新教育」以前の学校教育：
　ヘルバルト教育学の導入と普及

1809年から約25年間，東プロイセンのケーニヒスベルク大学でカント（Immanuel Kant. 1724-1804）の後継者として哲学および教育学の教鞭をとったヘルバルト（Herbart, Johann F. 1776-1841）は，当時のプロイセン・ドイツにおける「学校の教授学」の樹立に中心的な役割を果た

した人物である。ヘルバルトの体系化した教育の方法原理は，科学的教育学の創始と称されており，弟子のツィラー（Ziller, T. 1817-1882）やライン（Rein, W. 1847-1929）などの「ヘルバルト学派」と呼ばれる教育学者たちにより継承され，19世紀から20世紀にかけて欧米や日本の教育界に多大な影響を与えたことが知られている。大正期に登場した新教育の思想や実践は，明治期に日本へ導入された，このヘルバルト主義教育学に対する新たな教育思潮として生まれた背景がある。そこで本節では，ヘルバルトの教育学の特徴と，それが新教育の登場する以前の日本の学校教育へどのような影響をもたらしたのかについて説明することとする。

　ヘルバルトの著書の中で，彼の教育学の全体について論述しているものは，初期の『教育の主要任務としての世界の美的表現について』（Die asthetische Darsttellung der Welt als dms Hauptge schaft der Erziehmg. 1804），『一般教育学』（Die allgemeine Padagogik. 1806），晩年の『教育学講義要綱』（Umriss Padagogischer Vorlesungen. 1835）などである。これらの著書によると，ヘルバルトにとって教育の目的は，道徳的な人格の形成，すなわち，「自ら進んで善を選び，悪を退けるように生徒にはっきりと自覚させること」（ヘルバルト（1972）『世界の美的表現』高久清吉訳，明治図書，p.9）にある。彼は，この目的を実現する上で，教育を，それが円滑に行われるよう教室内に秩序をつくり出す「管理」（Regierung），陶冶しようとする意図をもって子どもの心情に直接働きかける「訓練」（Zucht），知識を授与することで子どもの多面的な興味を喚起し人間形成を図る「教授」（Unterricht）の三つの営みに分けてとらえ，「管理」を前提としながら「教授」と「訓練」とを相互に連関させて子どもに働きかけることの必要を説いた。

　また，彼は，これらの三つの営みの中でも教授によって育成される

「興味の多面性」という精神の形式が, 道徳的行為を確実にする条件を形成するとした。この考え方に基づいて提示されたのが, 知識は「明瞭」(個々の対象を明瞭に見ること),「連合」(明瞭によって得られた表象どうしを結びつけること),「系統」(連合された表象を秩序づけ体系化すること),「方法」(体系化された表象を新たに分節化し, 応用すること)の四段階を経て獲得されるという, 心理的な学習過程論である。ヘルバルトによれば, 教育活動において, これらの学習段階に応じた教授を展開することが, 教師の重要な役割であるという。つまり, 彼は, 道徳的な人格の形成に資する「興味の多面性」の育成のために, 教師が子どもをよく観察してその認識の状況を把握すること, それにより, 個々の子どもに合わせた教授をどう展開するか判断することに, 教育活動の中心があると考えたのである。彼は, 教師に求められるこのような技能を「教育的タクト」と呼び, 直接的な働きかけである「訓練」と比べて, 従来の教育理論では副次的にとらえられてきた「教授」に主要な地位を与えたとされる (諏訪内敬司 (1999)「品性論 (3) ——ヘルバルト教育学と品性——」『モラロジー研究』No.45, pp.23-49)。

　ヘルバルトの提唱した教育理論は, その後, ヘルバルト学派の教育学者らにより継承され, ドイツ国家公認の教育理論として浸透しただけでなく, 他の多くの国々の学校教育の普及と発展にも影響を及ぼした。ただし, ツィラーやラインによって提案された五段階教授法 (予備・提示・比較・総括・応用) に象徴されるように, ヘルバルト学派の人々は, ヘルバルトの学説を学校教育にそのまま応用できるよう極端に形式的で機械的な方向に発展させたと指摘されている (橋本美保・田中智志編著 (2015)『大正新教育の思想——生命の躍動』東信堂)。

　日本へ紹介されたヘルバルト教育学の多くも, ヘルバルト本人の教育理論や教授理論ではなく, そうしたヘルバルト学派による教育学, すな

わち，「ヘルバルト主義教育学」であった。具体的に，日本へのヘルバルト教育学の導入は，ヘルバルト学派の一人であったハウスクネヒト（Hausknecht, E. 1853-1927）が1887（明治20）年に招聘された帝国大学において教育学の講義を行い，それが国家公認の教育学として全国の師範学校へ取り入れられたことに始まる。またその後，教育学者の谷本富（1867-1946）や文部官僚で教育者の湯原元一（1863-1931）などのハウスクネヒトに師事した門下生たちや，ハウスクネヒトの講義を聴講し，後にドイツへも留学した大瀬甚太郎（1866-1944）らが解説本や翻訳書などによってその考え方を積極的に紹介し，ヘルバルト主義に基づく教育学は教育界に広く普及することとなった。

　ハウスクネヒトの門下生たちがその研究において最初に注目したのは，道徳性の涵養というその教育目的であった。ヘルバルトの提唱した「道徳性」は，当然のことながらキリスト教やフランス啓蒙思想を背景とした理念であるが，たとえば，谷本富の『実用教育学及教授法』（六盟館，1894（明治27年））のように，当時の研究ではヘルバルトの道徳性を儒教思想や教育勅語との類似性から解釈，理解しようとする試みがなされていた。つまり，ヘルバルト教育学は，近代化において後発国家である日本が，国内の文化的，精神的な土壌に根ざしつつ近代化を達成しようとする過程で推進した，国民道徳の陶冶という教育政策の下で，その合理的手段として援用されたのである。

　さらに，明治30年代の前半に，ヘルバルト主義による教授法の基本的形態が完成し，同年代の後半には，それが地域の授業法研究会などを通じて各地方に水平的に拡大していった。そして，この地方への普及過程において，本来は五段階であった教授法が「予備→教授→応用」という三段階に簡略化されて実践されるようになった（稲垣忠彦（1995）『明治教授理論史研究──公教育教授定型の形成』増補版，評論社）。この

ことは，既述のとおりヘルバルト自身の著した書物が国内にほとんど紹介されなかったことと合わせて，日本におけるヘルバルト教育学受容の特徴の一つである。

　以上のように，その普及過程で日本独自の形式に変容された「ヘルバルト教育学」は，やがて明治末期から大正期にかけて批判の対象とされるようになり，そこに新たな教育思想や実践の登場，発展する契機が生まれたのだった。

2. デモクラシーの隆盛から大正新教育運動へ

　1905（明治38）年の8月末に，全国の都市部を中心に日露戦争後の講和条約への反対運動が起こった。中でも東京では，9月5日に日比谷公園で開催された「講和条約反対国民大会」に参加しようと数万人の群衆が押し寄せ，大会を中止させようとした警官隊と衝突，夜間には市中にある多数の警察署や交番，路面電車などが焼き打ちされるという騒動が勃発した。この出来事が，日本初の群衆騒擾事件といわれる日比谷焼き打ち事件である。この事件以後，日本の経済発展と並行して，第一次護憲運動およびそれにより生じた大正政変や米騒動など，人々のデモクラシーへの志向や権利意識の広がりを象徴する出来事が相次いで生じた。

　特に，米騒動は，第一次世界大戦後の米・麦など主食料の品不足と価格暴騰に端を発した富山県の漁民の女房300余名による米屋への直談判が，全国の貧農層や都市部の新旧中間層，知識階層などを含む広汎な「民衆」による，地主層や企業・商社およびそれを支援・支持する政府に対する抗議運動へと飛び火したものであった。この騒動は，社会の変革主体としての民衆の力を民衆自身と為政者の双方に対して知らしめる出来事だったとされ（松尾尊兌（1966）『大正デモクラシーの研究』青

木書店），民衆運動がデモクラシー運動へと転化していく契機となった。

　教育学者の中野光は，日比谷焼き打ち事件を例とした「日露の講和条約反対運動が引き起こした『街頭騒動』から第一次世界大戦直後の原敬内閣の成立にいたる時期を前史として，第一回普通選挙にのぞむ三つの合法無産政党が成立する1926（大正15）年にいたる時期」に，政治・経済・文化など様々な領域で起こった社会変動を大正デモクラシーと称した（中野光（2002）『大正デモクラシーと教育——1920年代の教育』増補改訂版，新評論，p.2）。そして，この大正デモクラシーの社会的風潮に伴って教育界でも改革の機運がみなぎり，教員の待遇改善から教育方法の改良まで，多様な教育運動が展開されることとなったのである。

　ところで，大正期の教育政策は，1890（明治23）年の教育勅語の発布や1903（明治36）年の小学校令の改正による教科書の国定化などの政策によって，明治後期までにほぼその基礎を完成させていた「臣民教育」の徹底を主要な課題として進められていた。しかし，このような国家主義的な教育政策や行政上の課題の方向性と，既述の大正期に高揚し始めた人々のデモクラシー思想に基づく権利要求とは本来付合するものではなく，政府内では両者の妥協点が切実に求められるようになっていた（橋本美保・田中智志編著（2015）『大正新教育の思想——生命の躍動』東信堂，p.12）。

　そのような中，1917（大正6）年に時の寺内正毅内閣が，明治期の半ば頃から懸案となっていた「学制改革問題」を一挙に解決するために設置したのが臨時教育会議であった。同会議が成立した主要な理由の一つは，高等教育の量的拡大などの問題の早期解決という点にあったが，ここで取り上げられた議題は，小学校から大学に至るまでの学校教育制度をはじめ社会教育（通俗教育）も含まれる包括的なものであった。

　たとえば，小学校教育の改善に関する諮問への答申には，次のように

記されている（「答申（二）（大正 6 年12月 6 日）」『臨時教育會議要覽』1919年，p.27-32）。

　一　小学教育ニ於テハ国民道徳教育ノ徹底ヲ期シ児童ノ道徳的信念ヲ鞏固ニシ殊ニ帝国臣民タルノ根基ヲ養フニ一層ノ力ヲ用フルノ必要アリト認ム

　児童身体ノ健全ナル発達ヲ図ルカ為ニ一層適切ナル方法ヲ講スル必要アリト認ム

　児童ノ理解ト応用トヲ主トシ不必要ナル記憶ノ為ニ児童ノ心力ヲ徒費スルノ弊風ヲ矯正スルノ必要アリト認ム

　諸般ノ施設並ニ教育ノ方法ハ画一ノ弊ニ陥ルコトナク地方ノ実情ニ適切ナラシムルノ必要アリト認ム

　上記には，小学校教育において「国民道徳教育」を徹底し，児童を「帝国臣民」として育成することにいっそう注力すること，児童の身体の健全な発達のために適切な教育方法を講ずること，児童に不必要な知識まで無駄に暗記させている現行の教育の「弊風」を正すこと，各地の実情に合わせて教育活動を実施することという四つの改善の方向性が示されている。また，同答申にはその背景として，同年に起きたロシア革命の影響などをふまえて，国内における「外来の悪影響」を予防する必要があること，現行の教育が「詰込主義」に陥り，児童の精神に却って弊害をもたらしていること，都市と地方の違いや児童の家庭の生業など様々な生活の実情を顧みない，他の地域の真似事や画一的な教育が蔓延していることなどの問題が記されている。ここから，当時は国内外の情勢を背景に「帝国臣民」の育成という，いわば集団主義的な教育政策をより強化しようとする一方で，教育内容の形式化や形骸化を課題視し，地域

や家庭の状況を考慮した多様な取り組みの展開を推進しようとしていた
点が読みとれる。

　こうした状況の下，教育界に欧米から新たな教育理論や実践が紹介さ
れた。この時期に新たに登場し昭和初期にかけて普及した教育が，今日
「大正新教育」と呼ばれるものである。大正新教育は基本的にヨーロッ
パやアメリカの新教育の理論や実践の紹介，受容から始まっており，国
内での取り組みは多様な立場や形式を取り入れるかたちで展開された。
たとえば，新教育の先駆けとなった及川平治（1875-1939）の「分団式
教育」は，フランスの哲学者ベルグソン（Henri-Louis Bergson. 1859-
1941）の生命哲学やアメリカの哲学者デューイ（John Dewey. 1859-
1952）およびベルギーの精神科医で教育学者のドクロリー（Jean-Ovide
Decroly. 1871-1932）の生活教育思想の受容によって形成された，及川
のカリキュラム論を具現化する試みであったという（橋本美保編著
（2018）『大正新教育の受容史』東信堂）。また，大正新教育の代表的実
験学校として知られる池袋児童の村小学校の創設者である野口援太郎
（1868-1941）は，自身の浄土真宗信仰を土台としつつ，欧米の視察など
を通じて，イタリアの医師で教育家のモンテッソーリ（Maria
Montessori. 1870-1952）の考案した教育法等の新教育の考え方や実践を
受容し，独自の理論を打ち立てた（湯川嘉津美・荒川智編著（2013）『論
集　現代日本の教育史　第3巻』日本図書センター）。

　ここに挙げた2名の取り組みだけでなく，新教育の理論や実践にはそ
れぞれの論者の個性がみられる。そのような教育内容の多様性が，これ
まで課題視されていた教育の形式化・形骸化を克服する画期的な方法と
して，教育界で歓迎され，受け入れられたのだった。さらに，そのこと
を示す一例が，1921（大正10）年に東京高等師範学校の講堂で開催され
た講演会「八大教育主張講演会」（通称「八大教育主張」）である。この

会では,「自学主義教育論」(樋口長市),「自動教育論」(河野清丸),「自由教育論」(手塚岸衛),「一切衝動皆満足論」(千葉命吉),「創造教育論」(稲毛詛風),「動的教育論」(及川平治),「全人教育論」(小原國芳)「文芸教育論」(片上伸)という,全員が30代から40代の若い教育者たちによる,各々独創的な8つの講演が行われた。開催期間は8月1日から8日まで,毎回午後6時から11時頃までと深夜に及ぶ会であったが,連日2,000人以上の聴衆を集めたといわれる。同会がこれほど盛況だった理由の一つは,ここに挙げた講演者のうちの数名は単に理論を提唱するだけでなく,自らもその思想の実践者であったという点にある。たとえば,既述の及川平治は明石女子師範学校附属小学校で自らの理論に基づいた教育活動を行っており,成城学園では小原國芳(1887-1977)が全人教育の実践に,千葉県附属師範学校附属小学校では手塚岸衛(1880-1936)が自由教育の実践にそれぞれ取り組んでいた。

　なお,八大教育主張の論者ではないが,当時師範学校系では奈良女子高等師範学校の教授で同学校附属小学校の主事であった木下竹次(1872-1946)が,「学習即生活,生活即学習」の考え方に基づき,学習の材料を日常生活から取り,科目を総合的に学ぶ「合科学習」に取り組んでいた。他にも私立学校では,1912(大正元)年創立の中村春二(1877-1924)による成蹊学園,澤柳政太郎(1865-1927)の成城小学校(1917年創立),羽仁もと子(1873-1957)の自由学園(1921年創立),赤井米吉(1887-1974)の明星学園(1924年創立),前述の小原國芳の玉川学園(1929年創立)などが開校し,新教育を標榜した教育を実践した。他方,各地の公立小学校においては,文部省や地方行政当局の強い制約を受けながらも,現場の教師たちが学校内外で自主的な研究会を組織し,新しい教育の方法の研究や教材開発に取り組んで,自らの教育実践の質の向上を目指していたことも近年明らかにされている(橋本美保・田中智志編著

(2015)『大正新教育の思想——生命の躍動』東信堂)。

　このように新教育の理論と実践は多様なかたちで展開されたが，共通する部分もある。それは，従来の画一主義や詰込主義的な教育方法を批判し，子どもの自発性や個性を尊重する教育活動，すなわち，既成の知識を「教える」教育よりも子ども自身が経験を通して「学ぶ」教育を重んじていたことである。こうした新教育にみられる自由主義的な価値への志向性が，当時の社会の風潮と結びつき，人々に受け入れられ，大きな広がりを見せたのだと考えられる。

3.　生活綴方と子どもの読み・書き文化の変容

　教育界において新教育の理論にもとづく新たな実践が花開いていた一方，文学界では，明治期以来の子どもの娯楽の中心であったお伽噺に対して，芸術として真価のある童話と童謡を創作することによる児童文学の質の向上が目指されていた。この運動は主にロマン主義の文学者たちによって担われ，その代表的なものが，夏目漱石の門下であった作家の鈴木三重吉（1882-1936）により1918（大正7）年に創刊された雑誌『赤い鳥』であった。そして，この取り組みに端を発して，教育活動においても子どもの表現活動の新たなあり方が模索されるようになった。

　当時，雑誌『赤い鳥』が画期的だったのは，誌面にプロの作家らの創作した童話や童謡だけでなく，子どもたち自身が創作した綴方や童謡，自由画を積極的に募集し，掲載したことにあった。たとえば，1937（昭和12）年，当時小学生だった豊田正子（1922-2010）の作文集『綴方教室』が出版されベストセラーとなったのは，本誌の投稿コーナーに彼女の綴方が掲載されたことがきっかけである。こうした試みによって，「大人の創造した芸術が子どもに与えられることによってすぐれた文化が子どもに内面化されるとともに，子どもの創作作品が発表されることによっ

て子どもの内面が形ある文化として表現される」ことになった（浅岡靖央（2004）『児童文化とは何であったか』つなん出版, p.12）。

写真4−1　『赤い鳥』創刊号表紙（日本近代文学館）

　ただ，『赤い鳥』に掲載された作品の主なものは都市部に住む児童の作品であったため，地方の教員は受け持ちの児童の生活実態との差や，生活課題の違いを感じることが多かったともいわれる。そうした面はあったが，特に綴方は，対象をありのままに描く「写生文」という一つの文学精神が，「実に容易ならぬ大きな影響を，我が国の教育の上に与えたことはまず疑いのないところである」（中内敏夫（1970）『生活綴方成立史研究』明治図書, p.404）と指摘されるように，教師らの作文教育の実践に少なからぬ影響を与えた。

　またこの時期から，綴方のような子ども自身の創作活動に加えて，作家により描かれた作品を読むことについても，黙読によりその世界を深く味わうことが子どもの表現欲を喚起する上で重要であることが説かれ

るようになった。たとえば，児童文学者の国分一太郎は次のように主張
した。現在，児童文学と教育の世界では，声に出して歌う童謡と語る童
話のそれぞれに対して，児童自由詩教育運動と読ませる童話の創作運動
が起きている。なぜ童話の創作運動が生まれたかというと，従来は魔法
使いや鬼などが登場する，児童の生活とは離れた神秘的，架空的な話が
類型化された物語が多かった。このように物語の類型化が進んだのは，
そうしないと児童を飽きさせてしまうからと考えられていたからだが，
このような傾向は，かえって児童を「真の生活」から遠ざけてしまうこ
とになる。昨今，大人の文学において「個性」が重視されているように，
児童文学でもその重要性が叫ばれるようになっている。しかし，現在の
口演童話は「個性」を滅却しており，『桃太郎』なども誰が語っても同
じ話に聞こえる。

　このような風潮に対して，読ませる童話の創作活動が生じてきたのだ
が，創作童話は作者の個性の表現そのものであるため，一度見聞きした
だけでは子どもがその味わいを理解するのは難しい。それを理解するに
は，作品を何度も読んでみることが必要である。つまり，「その文章な
ら文章，詩なら詩に没入して読み浸る 1 + 1 = 1 の境地，即ち鑑賞の境
地に浸ることが読むと言うことの大体である（中略）これは遂には表現
欲を起こさしめる所以である」（国分一太郎（1960）「静かに読むものへ
の転向」『日本の児童詩』百合出版，pp.17-18）。国分によれば，子ども
が作品の「鑑賞の境地に浸る」ためには，何度も黙読してみることが重
要である。そして，それにより深い作品理解がなされて初めて，子ども
自身の表現活動に対する欲求が生まれてくるのだという。国分はこのよ
うに述べ，とくに現在は童話作家に任せきりになっている童話の創作を，
児童の生活に直接かかわる教育者らが自ら取り組んでいかねばならない
と主張したのだった。

　さらに，戦後の山形県で教育・文化運動の中心的役割を担った教育家の一人に，須藤克三（1906-1982）がいる。彼は1927（昭和２）年に山形師範学校を卒業し教師となって以来，新教育の理論と実践を学びつつ，教育現場で目の前の子どもと向き合い問題意識を深める中で，民間の教育運動である生活綴方運動や児童文化運動へ関心を持つようになり，戦後の実践へとつながる教育活動に取り組んできた。ここでは須藤の生活綴方の教育実践を紹介しながら，新教育の広がりと変容の中で子どもの読み・書き文化がどのような経過をたどったか見ていくこととする。

写真４-２　須藤克三（右）と無着成恭（南陽市教育委員会）

　須藤が師範学校に入学する少し前の1920年代初頭は，鈴木三重吉らの影響を受けた芸術教育運動の広がりが，学校の教育改革へと波及した時期であった。この頃の須藤は，図画の教員の田島絹亮に，雑誌『赤い鳥』から生まれた「自由画」を習っていた。須藤は，この田島の自由画の授業を経験して，個性を尊重した創作活動によって，子どもの成長発達を

うながす自由主義的な教育実践に初めてふれることとなった。また，須藤が学生時代から強い関心をもち，小学校の教員になってから熱心に取り組んだのが綴方教育であった。彼は，東京高等師範学校附属小学校の発行していた機関誌『教育研究』の愛読者で，掲載された綴方の理論や童詩教育の記事を参考にして綴方教育の方法を学んでいた。

　ただし，彼が師範学校を卒業して教師となった頃は，雑誌『赤い鳥』から始まった綴方教育の思潮が大きく変化した時期でもあった。1923（大正12）年の関東大震災以降，それまで大いに盛り上がりを見せていた民主主義的な運動が目に見えて停滞した。とりわけ教育界では，池袋児童の村小学校を主導した教育団体「教育の世紀社」が解体し，翌年には機関誌『教育の世紀』も廃刊となった。かつて青年教育者たちを引きつけた新教育運動の魅力が急速に失われつつあったのである。さらに，1929（昭和4）年，ニューヨークの株式市場が大暴落し世界恐慌が起こると，その影響を受けて，国内で子どもたちの生活環境が極端に悪化し，教師たちはこの問題に真正面から取り組まねばならなくなった。このような社会状況が，それまで一世を風靡していたロマン主義的な子ども観に基づく教育実践を物足りないと感じる青年教師たちを生みだすことになった。

　このことを象徴する出来事の一つとして，当時の教育界では，「生活綴方論争」などの国語教育の方法に関する議論が沸き起こっていた。この論争は，従来の表現重視の綴方教育に対して，綴方に書かれた児童の生活を指導して，その生活の改善や向上を図ろうとする生活重視の立場からの綴方教育に取り組む教師らによって展開された。とくに，この立場からの実践が活発に行われたのは，教員らが児童の厳しい生活状況を目の当たりにしていた東北地方であった。新たな綴方教育の実践の目的は，『赤い鳥』に代表される文芸的表現を重視した綴方の内容を，現実

の生活をありのままに表現するものへと変えることで，子どもたちが社会の生きた問題や生活の事実を認識し，その改善や向上に主体的に取り組むようになるよう指導することにあった。この宣言は，全国の教師たちに大きな反響を呼び，とくに須藤の故郷である山形県を含む東北地域では，窮迫した農村生活の現実に向き合おうとした青年教師らにより北方性教育運動が推進され，盛り上がりをみせた。

　須藤自身は，この頃まだ東京で教師をしていたことから運動には加われず，その中心を担っていた国分一太郎らの叫びと仕事に胸を締めつけられていたという。ただ，ちょうど同じ時期，須藤自身も綴方教育の実践で一つの壁に突き当たっていた。須藤は当時，校長に自ら志願して活版刷の全校文集を作ったこともあるほど，熱心に綴方教育を推進する教師だった。しかしある時，学校林の杉の下刈りで怪我をした児童の家を訪問した際に，偶然その家庭の「陰惨な生活姿」を目の当たりにし，大きな衝撃を受けた。というのも，その児童は，須藤が授業で他の児童らに対し，模範的綴方としてその児童の作品を読み上げたこともあったほど，いわゆる芸術性の高い綴方がとても上手だった。そのように「優れた」児童の作品には，須藤が目にしたような本人の貧しい家庭生活の現実が描かれたことは一度もなかったのである。

　この出来事をきっかけに，須藤は，「いくらつづり方の表現がうまくなっても，このこどもは救われない。もっとこどもの日常生活の中にとびこみ，その生活をなんとかしてやらなければ」と考えるようになった（須藤克三（1967）『自伝おぼえがき』みどり新書，p.54-55）。同時に，彼は教員としての力不足を痛感し，いったん教職を辞して，日本大学高等師範国語漢文科で学び直すことを決意したのだった。須藤克三の経験のように，当時の教員らは社会の変化と子どもの生活の窮状に直面する中で，文芸重視の綴方教育の限界に突き当たり，綴方の教育活動におい

ては，それまでの表現指導を重視する立場から，そこに書かれた児童の
生活改善・向上を図ろうとする生活指導を重視する立場へと転換した。
このように，大正期の新たな教育思潮の下に生まれた子どもの自発性や
個性を発揮させる読み・書き教育は，昭和期，特に東北地域にあっては，
読み・書きにより育まれた認識力や主体性をもって現実の生活を改善す
る，いわば社会変革のための教育へとその性格を変化させ，展開して
いったのである。

参考文献

片桐芳雄・木村元編著『教育から見る日本の社会と歴史』八千代出版，2008年
立川正世『大正の教育的想像力──「教育実際家」たちの「大正新教育」──』黎
　明書房，2018年
中内敏夫『生活綴方成立史研究』明治図書，1970年
中野光『大正デモクラシーと教育──1920年代の教育』増補改訂版，新評論，2002
　年

5 | 口演童話と子どもの読書：
図書館児童サービスの普及との関係

松山鮎子

　戦前日本で最初に設立された公的な図書館は，1872（明治5）年に湯島聖堂内に開館された書籍館である。また，初めて児童図書室が設けられたのは，1887（明治20）年に設立された大日本教育会書籍館であった。ただし，当時の図書館はいずれも有料制かつ閉架閲覧制が基本であって，児童図書室の場合は特に学校長の許可も必要であったとされる。

　このように当時，子どもであれば誰でも気軽に利用できるというわけではなかった公共図書館に対して，児童サービスの先駆けとなったのが，1900年前後から全国各地で開設された小規模な私設文庫や学校付設の児童図書館であった。さらに，子どもと読書を結びつけるのに大きな役割を果たしたのが，文字に書かれた物語を声により語る口演童話であった。本章では，この口演童話に焦点をあて，それがどのような活動であったのかを見ていくことで，当時育まれつつあった子どもの読書文化の在り様を学習する。

《学習の目標》　児童向けに考案された「お伽噺」と「口演童話」の特徴，さらにそれが当時の教育・文化活動とどのように関わり合っていたのかを理解する。

《キーワード》　口演童話，児童文化，公共図書館，児童サービス

---

1. 児童文学の誕生：巌谷小波の「お伽噺」

　児童文学の創始者である巌谷小波（1870-1933）は，旧近江国水口藩の出身で，貴族院議員であり著名な書家でもあった巌谷修の三男として生まれた。水口藩の時代には代々藩医を務めてきた家柄だったことから，

幼少時の巌谷はドイツ語を習うなど，家業を継いで医師となるべく育てられた。しかし，成長するにつれ巌谷の関心は医学から文学へと移り，17歳で本格的に文学の道を志すため日本最初の文学結社である硯友社に参加すると，1891（明治24）年，25歳の時に国内初の児童文学『こがね丸』を発表した。この作品が子どものみならず大人からも好評を博したことで，後に「少年小説會壇場のシェイクスピア」と評された巌谷の児童文学者としてのキャリアがスタートする。彼は，廉価本の大量生産により出版産業の新時代を牽引していた博文館（1887（明治20）年創業）の雑誌『少年世界』『少女世界』『幼年世界』などの主筆となり，次々に児童向けの作品を執筆し，さらに個人による日本初の児童叢書，『日本昔噺』（24編）『日本お伽噺』（24編），『世界お伽噺』（100編）などのシリーズを刊行した。今日の児童文学史では，これら巌谷の一連の創作活動が，そのまま近代児童文学の確立期に位置づけられている。

　ところで，巌谷が『こがね丸』を執筆した明治末期は，工業発展にともない出現した労働者の都市部への集中と，都市社会の形成が急速に進行した時期であった。とりわけ1890年代以降，都市への人口集中が顕著となり，大正期から昭和初期にかけてその増加率がピークに達するまで，都市部の人口は右肩上がりに上昇し続けた。そして，この急激な人口増加と都市化によって，人々が新たに「発見」したのが，都市に出現した大量の労働者たちの貧困問題や，子どもの学校外での生活における風紀の乱れ，非行などの問題であった。

　工業化とともに発生したこれらの問題によって社会不安が目に見えて増大したことで，社会事業や社会教化事業が政府の喫緊の課題となる中，いち早く動き出したのが，貧民救済や児童保護を志す民間の篤志家や知識人たちである。巌谷が子ども向けの作品を創作し，口演童話に本格的に取り組み始めた背景にも，「家庭でも邪魔もの扱いで，商売の邪魔に

なるから外で遊んでこいと言われ，外に出ると，貨車や荷物の車がやってきて遊べないという。全くかわいそうな存在であった」という，工業化と都市化の進行によって遊び場を奪われ，生活環境が悪化しつつあった子どもたちの状況を憂慮したことがあった。「お伽噺」を子どもに与えることには，「子供に有益な娯楽を提供することで道徳心を涵養し，生活を向上させる」意義があると述べたように，巌谷の創作動機には，都市部に暮らす子どもたちの生活環境を改善するという使命感とともに，子どもの享受する娯楽に危機意識を持った教育者らの要望へ応えるという意識があったのである。

　巌谷が創作した「お伽噺」の特徴の第一は，国内外の童話を当時の日本の児童向きに書き改めた点にある。彼は，豊かなドイツ語力を駆使して，西洋の昔話である「メルヘン」を日本の子どもたちに紹介するという，その頃は未開拓であった活動に精力を注いだ。また，メルヘンを日本語に翻訳する際，彼は物語を一字一句訳すのではなく，登場人物の名前や舞台を日本風に書き替えるなど，いわゆる翻案をおこなうことで，国内の子どもに理解し易いよう配慮した。

　一方，西洋のメルヘンに加えて日本の昔話についても，古くからある物語をそのまま掲載するのではなく，当世風の挿絵を加えたり，物語に合わせて唱歌をつけたりするなど，当時の子どもたちが新鮮な気持ちで物語を受け入れられるように工夫を凝らした。

　お伽噺の第二の特徴は，物語の本文に，昔話の語り口を活かした文体が採用された点にある。例として，『日本昔噺』の「桃太郎」を挙げてみる。この物語の冒頭から，お婆さんが川で洗濯中に桃を見つける場面までの文章は，たとえば以下のようなものである。

　　むかしむかし在る処に，爺と婆がありましたとさ。或日のことで，

　爺は山へ芝刈りに，婆は川へ洗濯に別れわかれに出て行きました
（中略）やがて川上の方から，大きな桃が，ドンブリコッコスッコッ
コドンブリコッコスッコッコと流れて来ました。（巌谷季雄（小波）
編（1894-1897）『日本昔噺　第一編　桃太郎』博文館，p.1）

　この一文は，あたかも昔話の語り聞かせのような語尾や擬音，細かな
情景描写を省いた文章で書かれている。巌谷によれば，ここには，口伝
えで伝えられた昔話の語りにある「素朴，簡潔，光明的，軽快，可笑し
み」といった要素が生かされているという。このように巌谷が語りを意
識して作品を創作していることは，「お伽噺」の「はなし」の漢字に，
口に出して語る「噺」をあてていることからも読み取れる。他方，「お
伽噺」の題材となる物語の収集に関して，彼は「桃太郎」や「猿蟹合戦」
など明治期以前の『お伽草子』の時代からの昔話を，主に江戸時代の安
価な絵雑誌である赤本に求め，伝説や人物伝などは，各地に残された物
語集から集めていた。それらの物語をすべて，昔話の語り口に近い文体
に書き改め，翻案・再話し，新たな物語として世に送り出したのである。
　では，なぜ巌谷はこのような手法を採用したのか。それは，彼がこれ
らの作品を当時の日本の子どものための「国民童話」として新たに生み
出すことを目的にしていたからである。巌谷は，明治期以前から伝えら
れてきた昔話について，「昔のまゝのお伽話は殆ど駄目」と述べ，さらに，
江戸時代からある仇討ち等の物語も「今日の世の中」には面白くないと
批判した（巌谷小波（1909）「お伽話を讀ませる上の注意」『婦人とこど
も』No.9（4），p.9）。彼は，それらの物語は「消極的」で「因循な」
道徳律のもとに作られているため，そのような物語では，既述のように
子どもの積極的な「意志」を育むことは難しいだけでなく，昔話に見ら
れる「消極的」で「残酷」な描写が，将来の国家を担う子どもには，か

えって悪影響を及ぼすと考えたのだった。

巌谷は，自らの著作や講演の中でたびたび「桃太郎」のような子どもを育てることを目指す「桃太郎主義」の教育の意義を提唱していた。「桃太郎」とは，積極性，進取性，楽天性をもち，自由で無邪気，無造作な，巌谷の理想とする子ども像を指している。たとえば，巌谷は以下のように述べる。

> 日本開闢三千年，國をして今日ほど発展した時はないが又今日ほど大切な時もあるまい。即ち新店の土台が据わるか，子役がいよゝ名題に進むか，首尾よく大学が出られるか，乗るか反るかの分け目である。そこで僕は考へた。今その大切な時に當つて，よく我國を導き得るものは誰か？我が桃太郎君を措いて又他に誰かあらうと。更に手取ばやく云えば，日本将来の國民教育は正に桃太郎主義ならざる可からずだ。（巌谷小波（1915）『桃太郎主義の教育』東亜堂書房，p.30）

巌谷は本書において，明治末期に，日清戦争，日露戦争と相次ぐ対外戦争に勝利した日本が，今後欧米列強と対等に渡り合い新たな地位を確立するために，「確固たる獨立心」と「進取の氣象」を培うような「国民教育」が必要であると指摘する。そのために，昔話の「桃太郎」に代表されるような子どもの気性を養うのが，新しい時代の教育の使命であり，そのような教育を可能にするのが，自らの創作する「お伽噺」なのだという。つまり，巌谷にとって「お伽噺」は単なる娯楽ではなく，日本を富国，強国にするために不可欠なものだったのである。

他方，巌谷は子どもには子どもに相応しい文学とも言うべきものがあり，「お伽噺」のような架空の物語には固有の教育的価値があると主張

した。巌谷によれば，「お伽噺には一ト跨ぎに三千里を飛ぶ靴が有る，此空想に興味をもった子供，大きくなると理学を研究して，一時間何十哩の汽鑵車を発明する…お伽噺の健全なものならば，只に教育に補益する許りでなく，却って更に之が為に一種の精神教育を施すに至るのだ」という（巌谷小波（1906）「嘘の価値」『婦人とこども』No.6（8），pp.14-16）。つまり，「お伽噺」によって，科学的知識を探究する原動力となる想像力や好奇心が養われるということである。

　このように「お伽噺」に独自の教育性を見出す巌谷は，一方で当時の学校教育には批判的な立場であった。巌谷は，学校教育を単に十把一絡げに「大人化」した大人しいだけの子どもを育てる「生垣教育」のようなものとして，こうした一律に個性のない子どもを育てる教育に対し，優秀な人材をさらに伸ばす「開発主義」，「秀才教育」を提唱した。そして，その方法として，「桃太郎」のような主人公が活躍する「お伽噺」を子どもに与えることを重視したのだった。

　さらに巌谷は，家庭におけるお伽噺の役割についても論じている。彼は学校と家庭という二つの教育の場の関係について，家庭を単に「学校教育の補完物」と見なすのではなく，家庭には学校と異なる独自の教育的な役割があると考えていた。そのような家庭において，「お伽噺」は「菓子のやうなもの」である。学校で教わる訓戒や知識が通常の食べ物，滋養物にあたり，一方，子どもが喜び楽しむお伽噺は家庭を「無味乾燥」なものにしないための嗜好品，すなわちお菓子である。そして，家庭では，ともすると，お菓子を過剰に摂取しがちになってしまう子どもに，親がそれを適度に調整しながら与えることが必要であるという。

　このように，巌谷の「お伽噺」論は，学校教育に批判的な立場から展開された。また，お伽噺を子どもに与える役割は家庭（とくに母親）にあるとされ，学校とは異なる独自の教育的役割がそこに見出されていた。

ただし，それが最終的に国家の成長，発展を志向しているという点では，「お伽噺」論もまた，学校教育と同じ論理の枠組みの中にあったといえる。

2. 口演童話の始まりと広がり

　児童文学の執筆活動と並行して巌谷が力を注いだのが，子どものために童話の口演を行うことであった。活動を始めたきっかけとして，後年の回顧録には，1896（明治29）年に小学校で初の口演童話を試みた後，「大日本婦人教育会」の嘱託を受け，初めて家庭講演と「お伽噺」講演を実施したと記されている。巌谷が「婦人教育会の方でも新しい方面に活動したい」という当会からの講演依頼を承諾したのは，本来は，「お伽話（ママ）の宣布」の機会を得たからであったという（巌谷小波（1920）『我が五十年』東亜堂，p.161）。そこから彼が本格的に口演童話に着手するようになったのは，博文館の社内に「口演部」が組織されたことがきっかけだった。この口演部の活動において巌谷とともに雑誌の宣伝をかねてお伽噺の普及に尽力したのが，久留島武彦であった。

　久留島武彦は，1874（明治7）年，豊後国玖珠郡森町生まれである。久留島の家は，祖父が豊後森藩12代藩主の久留島通靖という，由緒ある武士の家柄であった。そのため本来であれば，14代後継者として子爵の家督を継ぐ可能性もあったのだが，中学生の時に，メソジスト教会の牧師で英語の教師だったS. H. ウェンライトと出会ったことをきっかけに，将来教育者になることを目指すようになった。また，同じ時期から，ウェンライト夫妻の影響を受けて，日曜学校で聖書の物語を子どもたちに語り聞かせる機会をもつようになった。

　その後，1894（明治27）年，久留島の卒業の年にちょうど日清戦争が勃発したことで，彼は卒業と同時に近衛第一連帯へ入隊し，そのまま遼

東半島，台湾へ従軍することとなる。久留島が巌谷と知り合ったきっかけは，日清戦争の従軍中，自らの軍隊生活の見聞を書き綴った作品「戦塵」が，『少年世界』に掲載されたことであった。これが好評を博したことで，久留島は戦地から帰還後の1903（明治36）年，巌谷の知遇を得，「尾上新兵衛」のペンネームを用いて，たびたび『少年世界』へ作品を投稿するようになった。また，雑誌へ作品を投稿するだけでなく，久留島が学生時代の日曜学校での経験を生かして巌谷とともに始めたのが，子どもにお伽噺を語り聞かせる取り組みだった。この取り組みは，1903（明治36）年に横浜のメソジスト教会で試行的に実施され，それが大変な盛況だったため，同教会で定期的な「お伽講話会」が開催されるようになった。

写真5-1　**青年会館での口演童話会 明治39年11月・神田**（久留島武彦記念館所蔵）

　横浜の教会から始まったお伽講話会は，その後，都市部の各所で，会場も小学校の講堂，幼稚園，教会・寺社，百貨店，劇場，子供会など，

子どもたちの集う場であればどこでも開催されるようになった。とくに劇場などで会を催す場合，多くの参加者を募るために利用したのが新聞広告であった。たとえば，明治期，大衆向けに文芸重視の紙面づくりに力を入れていた『読売新聞』には，お伽講話会の開催情報や，催しの終了後に会の様子を報告する記事がたびたび掲載された。

　こうして各所で開催されたお伽噺の会は，本来子どもを相手にしたものであったが，時に子どもより親の方がお伽話を聞きたがって，一家総出で参加することもあったという。児童演劇の研究家である冨田博之は，劇場などの大会場に大人数を収容して行われた日本の口演童話の特徴について，久留島が伊予水軍として知られる一族の末裔で，体つきも巨漢，声の通りやすい堂々とした人物であったことが関係するのではないかと指摘している（冨田博之（1985）「日本のストーリーテリングとしての『口演童話』」野村純一・佐藤涼子・江森隆子編『ストーリーテリング』弘文堂 p.53）。

　ところで，明治以来，日本社会は「富国強兵」のスローガンのもと工業化を進め，民族と言語，文化の統一による近代国民国家の形成を目指してきたが，その途上で，大正初期に都市部中間層の中に出現したのが「大衆」であった。「大衆」は，国民教育を受け，工業社会における労働者として働き，また労働の効率化によって生み出された余暇時間を利用し，大量生産された画一的な商品を消費する存在である。その意味で「大衆」は，それ以前の歴史における「民衆」とは明らかに異なる性格を呈し，その彼らが既存の上層階級に対抗する一群を形成することで，大正期におけるデモクラシーの発現がもたらされたとされる。

　この「大衆」という概念が，学問や研究の世界で一般化するのは20世紀に入ってからだが，「大衆化」という言葉で説明されるような社会状況は，衣食住や娯楽の面であらゆる階層の人々が類似の体験をする消費

文化の広まりとともに，すでに19世紀に進行していた（関口進（2001）『大衆娯楽と文化』学文社，p.8）。初期の口演童話が，大正期前後に新たな都市の大衆文化の一つとして人々に受け入れられ発展した面があることは，それが開催された会場の中に，劇場や公会堂など人々が新たな文化を創り出し，享受する現場となった場所が含まれていたことから見てとれる。

　たとえば1911（明治44）年に開館した帝国劇場は，日本初の西洋式演劇劇場である。当時，「今日は帝劇，明日は三越」というキャッチフレーズでも有名になったこの劇場は，百貨店の三越と並んで，都市部のサラリーマン家族を中心とした新中間層が憧れる新たな生活様式を象徴する空間の一つであった。また，この帝国劇場の誕生によって，明治期には「金持ちの道楽の場」であった劇場空間が，都市の中間層の家族が気楽に観劇を楽しむ空間へ，すなわち，「近代市民層の娯楽の場」へと次第に変貌していった（嶺隆（1996）『帝国劇場開幕――「今日は帝劇　明日は三越」』中央公論社，p.188）。

　1921（大正10）年6月12日に開催された「お伽噺大会」は，このように当時の「時代の気分を象徴した」空間の一つだった帝国劇場で開催されたのである。この会では，巌谷や久留島らによるお伽噺の口演以外に，オペラ歌手の音羽かね子による独唱や，ダンス，歌曲の演奏などが披露された。オペラのようなヨーロッパの舞台芸術と口演童話が並んで上演されていたことから，劇場に集った人々がこの会の演目を新しい娯楽として新鮮な感覚で受容していたことが想像できるだろう。以上のように，久留島の語り口があったからこそ，口演童話は千人単位の人々が収容された会場でも成立し得たことに加えて，そもそもこの時代に新たな文化を受容する「大衆」が生まれたことが口演童話の発展を促したのだと考えられる。

　他方，都市部以外でも，久留島と巌谷は，定期的に全国各地の小学校や，ときに満洲や北京，アメリカの諸都市などの海外にも訪れ，口演童話を中心とした子どものための催しを開催した。とくに地方では，久留島が自転車に乗って山間僻地の集落を廻ることもあったようで，かなりの広範囲にわたり活動を実施していたことがうかがえる。また，地方で会を開く場合は，通常，教師などの主催者が事前の告知をして参加者を募っており，「東京からわざわざ大先生が来られて，お伽噺をしていただく」というので，近隣の小学校の合同となることが多かったという。そのため，一度の聴衆は，多い時で3,000人にまで達するほど大規模なものであった。巌谷は，「殊に辺鄙な地方の子供になると，我々東京人の言葉に対して，あまり親しみがない所から，解りがわるいといふ障碍がある上に，都会の子供の如く敏感でない為に，言葉の綾によって興味を感じさせるなどの事ができな」かったと，当時の苦労を回想している

写真5-2　京城（現・ソウル）での口演童話会　大正4年10月（久留島武彦記念館所蔵）

（巌谷小波（1931）『童話の聞かせ方』賢文館，p.85）。

　さらに，口演童話が，娯楽的な面だけでなく教育的な面でも，新たな時代の波にのって発展した活動であることは，大正期前後の時期，「お伽噺」の改良に児童心理学などの当時最新の学問の知見が反映されるようになったことに表れている。このお伽芝居を主に上演していた会場が，1908（明治41）年，麹町有楽町二丁目三番地（現在の銀座数寄屋橋近く）に建設された有楽座だった。有楽座は帝国劇場とならんで，日本初の本格的な欧風劇場建築と評され，今までにない新しい劇場スタイルを世間に示す建築物として，民営でありながら国立劇場のような地位を与えられていた。また，両劇場とも工学博士の横川民輔によって設計され，その横川が，有楽座を「帝劇建築の小手調べのようなもの」と述べたことからも，それが帝国劇場と同様の性質をもって建築された劇場だったことがうかがえる（永井聡子（2014）『劇場の近代化——帝国劇場・築地小劇場・東京宝塚劇場』思文閣出版，p.49）。

　この有楽座の「子供日（こどもデー）」に，定期的なお伽芝居が開催されており，また，1913（大正2）年には当館の新事業として「児童娯楽研究会」がつくられ，そこに巌谷小波，久留島武彦らに加え，高島平三郎（1865-1946）や倉橋惣三（1882-1955）らがメンバーとして参加した。高島平三郎は，日本の心理学の創始者の一人とされ，主に発達理論に基づいた児童研究に尽力した人物である。児童娯楽研究会の結成当時，高島はすでに日本女子大学校（現・日本女子大学）や東洋大学などの教授を歴任し，心理学や教育学に関する著書も多数執筆しており，児童学研究の第一人者であった。また，この頃，東京女子高等師範学校（現・お茶の水女子大学）の講師であった倉橋惣三は，「幼児教育の父」と言われるフレーベル（Friedrich Wilhelm August Fröbel. 1782-1852）の思想に影響を受けて，子どもの自発性を重視する自然主義的児童観によ

る「誘導保育」を提唱していた。

　このような顔ぶれの集まった研究会は，次のような設立目的を掲げていた。現在，子どもの「趣味の教育」が等閑に付されている。ただ，その問題を学校だけで解決するのは至難の業であり，学校以外の場において，子どもに適当な娯楽を提供することが求められている。だが昨今は，大人の娯楽は新しい物が出来つつあるのに，「子ども本位」の娯楽は世間にほとんど顧みられない。そのような事情から，有楽座では「子供日」をもうけ，そこでお伽芝居や活動写真，お伽話，お伽神楽，手品など諸種の催しをおこなってきた。これらの活動を「子供本位」から本格的に研究すれば，そこにはまだまだ改良の余地がある。本研究会の研究成果によって，これまで以上におもしろい活動が生まれることを期待し，有楽座はその指導を受けることとする。（『読売新聞』1913（大正2）年10月22日朝刊）。

　児童娯楽研究会のメンバーに，巌谷ら子どもの娯楽文化に造詣の深い人物だけでなく，児童心理の研究者などが加わっていたことからわかるように，ここでいう「子供本位」には，自然科学的な観点で子どもの心理を理解するという意味が含まれており，主催者には，心理学などの知見によって提供する娯楽の内容を洗練させていくという意図があったと思われる。つまりこの時期から，子どもの心理や欲求を研究分析し，その知識に基づいて，より教育的効果の高い娯楽を子どもに提供するという発想で，「お伽噺」が改良されるようになったのである。

　口演童話が広まっていく中で，「お伽噺」が児童心理学や発達理論などの知見に基づいて改良されるようになったことで，これまで相入れない面もあった学校教育と口演童話の実践方法に共通項が生まれることになった。このことが，やがて学校教育の中に口演童話が取り入れられるようになっていく下地をつくることになった。

3.　口演童話と図書館

　1922（大正11）年頃から，俗的な児童雑誌や漫画の氾濫，安易な童話作家の増加などによる児童の読み物の質の低下が有識者に問題視されるようになっていた。このような問題に対して，童話の正しい発展を願って活動したのが「日本童話連盟」の創設者で口演童話家の松美佐雄（1879-1962）である。松美は，出生地の群馬の高等小学校を卒業し18歳で上京するまで，小学校長だった父の手伝いで無資格の教員を勤めていた。その後，20歳で函館の軍の工員となり，『少年世界』の主筆である江見水蔭（1869-1934）に師事するため再度上京し，童話を書き始めた。そして，自作童話を『少年世界』や『少女世界』に寄稿しながら，1905（明治38）年には竹貫佳水（1875-1922）が隠田村（現・渋谷区神宮前）に設立した育児院の事務員兼保母役を無給で勤めた。竹貫は，松美と同郷出身で，同じく江見に師事した小説家である。彼らの出会いのきっかけは，竹貫が育児院設立の前年に博文館に入社し，『少年世界』の編集者に就任したことだった。松美は，彼と行動を共にするようになって以来，雑誌の稿料で生活しつつ，孤児たちへの支援を続けてきた。

　さらに，1906（明治39）年，二人は東京青山に私立の少年図書館を創設した。当時は，国民の読書熱の高まりをうけ，公共図書館が児童サービス機能を設置するなど，子どもの読書への働きかけを開始した時期であった。これが来館した子ども相手だとすれば，彼らの構想した少年図書館の性質は，「固定的」ではなく「随意に随所に公開」する「動的」なものだった。松美らがこのような移動式の少年図書館を構想したのは，「雑誌を読む少年少女などというものはホンの一部のものであつて，大部分の子供は殆ど読んでいない」，「この読まない子供たちにお話をするのが，真の文化事業である」という目的からだった（日本童話連盟本部

（1941）『話方研究』No.17（9），p.10）。

　ただ，当時の東京青山付近では，図書館を設置しても子どもが集まってこなかった。そこで彼らは，子どもたちが気軽に集える場所，たとえば上野公園などへ書籍を運び，「自由にとってお読み下さい」と札を立てて，特設の図書館をつくった。この少年図書館で実施されたお話会は，ある時には児童が部屋に入りきらないほど集まったといい，その盛況ぶりがうかがえる。そして，この実績により，2年後に竹貫は日比谷図書館児童室の開設を主導，松美は，そこにつくられた「東京お伽学校」でも，毎週1回童話の口演を行うようになった。

　また，松美は1908（明治41）年に『信濃毎日新聞』の記者となるが，そのときに信州の博文館愛読者大会で童話の口演を行い，さらに，1912（大正元）年には時事新報社の雑誌『少女』の編集者に就任し，6年後の退社まで各地の小学校の愛読者会などで童話の口演を続けてきた。この全国行脚をつうじて，松美は，都市で目にした状況とは異なる地方の口演童話の問題に突き当たることとなった。その問題とは，地方の口演童話家たちが技術を磨くことなく安易に一律な話材を選んでいたことだった。松美は，このような実情を目の当たりにして，各地の実践家が育たない限り「児童文化」は普及しないと憂慮し，自らその育成に取り組むことを決意したのであった。

　既述のとおり，明治末期には日本において最初の図書館児童サービスが開始されていたが，利用料のかかる図書館で日常的に読書文化を享受できるのは，まだ一部の富裕な家庭の子どもに限られていた面があった。つまり，あらゆる子どもにとって読書が有意義とされながら，現実にそれを享受できたのは，限られた子どものみだった。そのような背景の下で，本章で取り上げた巌谷や久留島，松美らによる口演童話の活動は，多くの子どもに童話の楽しみを伝えており，読書という新たな文化活動

を子どもたちの間に普及させる上で一定の役割を果たしたと考えられる。

※本章は，拙著『語りと教育の近代史——児童文化の歴史から現代の教育を問い直す』（大学教育出版，2020）の一部を加筆修正したものである。

参考文献

児童図書館研究会編『児童図書館のあゆみ——児童図書館研究会50年史』教育史料出版会，2004年

浅岡靖央『児童文化とは何であったか』つなん出版，2004年

上地ちづ子，『児童文学の思想史・社会史（研究　日本の児童文学2）』日本児童文学学会編，関口安義ほか著，東京書籍株式会社，1997年

6 │ 女性にとっての教育：
「女学生」と「女工」

辻　智子

　近代日本において学校は女性の教育機会を拡張しながら「良妻賢母」の養成に努めたが実際にはその枠内にとどまらず新たな世界を切り拓いてゆく女性たちも現れた。抑圧と解放の両側面から女性への教育をとらえるとともに，その経験を経て，職場や社会で女性たちの側から抑圧をとらえかえしてゆく回路について考察する。

《学習の目標》　性別によって異なる展開を見せた学校教育と，家庭・職場との関係を，人びと，特に女性たちの経験をもとに考える。

《キーワード》　高等女学校，良妻賢母，女学生，主婦，職業婦人，女工

1. 近代日本の学校教育とジェンダー：高等女学校と良妻賢母

　明治期以降，子どもが大人になってゆく過程における学校の比重は著しく増し，ほとんどの子どもが何らかの形で初等教育（尋常小学校）を経験するようになった。初等教育は日本国民の義務として一律的な普及がはかられた。これに対し初等教育以後の教育機関は複数に分岐し，高等教育へ接続する中等教育と，農村や工場で働く青年たちのための補習教育・職業教育に大別された（「青年期教育の二重制」）。

　ここで焦点をあてるのは，中等教育におけるジェンダー[1]，すなわち

1）「男」「女」というように人間を二つに区分すること（性別）自体も社会的・文化的な文脈の中で人為的に行われているもの（ジェンダー）と考えられる。なお，ジェンダーとは多義的な概念であるが，性別それ自体や性別にかかわる諸観念，およびそれによって人を序列づける社会のしくみまでを含めて指示する言葉として現在は理解されている。

生徒が男か女かによって異なる学校制度，教育理念，教育課程が構想され施行された点である。中等教育機関として，主に男子を想定した中学校（旧制中学），女子を想定した高等女学校が整備され，各々に関する法令が出された後，1900年代に入ると全国的に設置が進んだ。

表6-1　中学校／高等女学校／実業補習学校の推移

		1894年 (明治27)	1904年 (明治37)	1914年 (大正3)	1924年 (大正13)	1934年 (昭和9)
中学校	学校数	73校	254校	319校	491校	555校
	在学者数	22,515人	101,196人	136,778人	273,065人	330,992人
高等女学校	学校数	14校	95校	346校	746校	970校
	在学者数	2,314人	28,533人	90,009人	271,375人	388,935人
実業補習学校	学校数	19校	1,684校	8,343校	15,054校	15,306校
	在学者数	1,117人	76,569人	444,844人	1,025,544人	1,281,814人

（出所）『学制百年史（資料編）』（文部省，1972年）
（注）高等女学校には実科高等女学校を含む。

　そもそも，学校教育制度の整備にあたり，なぜ性別によって教育機関を区別する必要があったのだろうか。それは，当初，中等教育・高等教育はもっぱら男性のためのものとされ，女性には不要とされたことに端を発する。それが女性にも開かれてゆくようになっていくが，その際，男性とは異なる目的が設定された。

　かつて，藩や家の存続が至上命題とされた時代において女性に期待されたのは子どもを産むことであり育てることではなかった。後継者育成はきわめて重要な任務であり，「愚か」な女性に任せるわけにはいかなかったのである。しかし，明治期になると「子どもを育て，教育する母としての役割」に目が向けられるようになり，「母役割」を果たすため

に女子も教育を受けるべきとの考えが登場する（小山静子『良妻賢母という規範』勁草書房，1991年）。当初，学校への関心は一般に低く，当時の人々の生活習慣や慣習・行事は学校での教育と相容れなかったため，教師らは家庭に働きかけて学校の教育効果を高めようとした。そこからしだいに母親がクローズアップされていった。また，政治家や知識人の中には欧米の影響を受けて封建的な男尊女卑を批判し妻の地位を見直すべきとの主張も現れた。日清戦争（1894-1895）を経て国家を支える国民の体制づくりに関心が寄せられるようになり，家庭を通じて女性が果たす役割への注目が高まり，女子教育の必要が説かれ，1899（明治32）年の高等女学校令へとつながっていった。これによってミッション・スクールを含む既設の女学校にも認可の必要が生じることとなり，各々独自に行われていた教育活動も法令の下に統合されていった。法整備によって促された教育機会の拡張とは，中央集権的で画一的な教育の普及と表裏一体であった。

では，「女子ニ須要ナル高等普通教育ヲ為ス」（高等女学校令第一条）を目的とする高等女学校とは，どのような学校だったのか。それは，中学（旧制）より修業年限が短く，教育課程も異なっていた。例えば，外国語，数学などの授業時間が少なく，漢文，物理・化学，法制及び経済は開設されない代わりに，家事や裁縫，音楽といった時間が多く設定された。「女子に必要な教育」とは，結婚を前提とした，結婚後の生活に向けての教育であった。「教育勅語」に象徴されるように，男女とも学校教育は最終的に国家への貢献に向けられ，女性の場合，それを妻や母という役割を通じて担うことが目指された。

このような教育に対して，女性たちの中には反感や反発を抱く者もいた。1902（明治35）年に東京府立第二高等女学校に入学した青山（のちに山川）菊栄（1890-1980）は，当時の様子を以下のように記している。

　学校は学校で，賢母良妻というお念仏を胸がわるくなるほどきかせ
ましたが，まだそれでもものたりないとみえて，ある日「あなた方
は大きくなってなにになりますか」と先生にきかれて勢いよく手を
あげ「私は賢母良妻になります」と答えた者があったほどでした。
したがって教室の空気は息づまるほど低調であり，若い娘の魂をゆ
さぶるような高い理想とか，明るい希望とかいうものは与えられず，
卑俗な功利主義一点ばりなところから，いつとなく，はげしい反抗
心をはぐくまれずにはいられませんでした。（山川菊栄『おんな二
代の記』1956年，引用は平凡社，1972年，120頁）

　ここでの「卑俗な功利主義」とは，「そんなことではお嫁にいかれない」
「お嫁にもらってもらえない」といった教師による「注意」を指している。
高等女学校は「良妻賢母」の養成のための中等教育機関として普及した
と言える。

2. 家族の変容と「主婦」

　大正期に入ると都市化の進展とともに，教員・官吏・会社員といった
職業が徐々に増え始め，これら俸給生活者（サラリーマン）の夫と妻と
子からなる核家族が形成されるようになった。この新しい形の家族は，
先祖から継承する家の財産を持たず，夫の収入によって生計を立て，妻
（主婦）が家事や子育てを担った（近代家族）。当時，まだ電化は進んで
おらず家事使用人（女中）を置くことも珍しくなかったが，それも含め
て家の中をうまく切り盛りすることが「主婦」の裁量とされた。このよ
うな家族は，日本全体から見れば少数派ではあったが，「男は仕事，女
は家庭」という，現在にもつながる性別分業家族の起点となるものであ
る。夫の収入だけでは生活費が足りず内職をする女性も少なくなかった

ことから，家計補助的な女性の就労も既に性別分業家族の出発時点から実は存在していたと言える（「男は仕事，女は家事と育児と仕事」）。

　同じ頃，女性や女子教育のあり方をめぐって活発な議論が交わされるようになり，女子教育の理想とされてきた女性像にも変化が生じてゆく。科学的な知識を駆使しつつ，衛生的・健康的に衣食住を整え，心身への配慮の行き届いた世話や看護を行い，夫の限られた給料でも上手にやりくりするといった具合に合理的な家庭経営が求められるようになったのである。ここで「良妻賢母」とは，国家・家・夫に従い尽くすだけでなく，自らの知恵と工夫を凝らして「主体的」に家事や育児に取り組む女性を意味するようになった。

　もちろん現実にはすべての女性がこれを実践できたわけではない。「良妻賢母」の新しい理想像は，複数世代が同居する家族やその暮らしにとっては異質なもので，「嫁」として「家に入る」女性の立場としては容易に実行できるようなものではなかった。これに対して都市核家族の「主婦」と「良妻賢母」は親和的であった。

　「主婦」たちは高等女学校で習ったことを自らの家庭で実践していった。その際，積極的に活用されたのが書籍や雑誌といったメディアである。明治末以降，女性を主な対象とする雑誌が次々と刊行され，多くの読者を得るようになっていった。学校教育を通じて十分な読み書き能力（リテラシー）を身に付けていた女性たちにとって，雑誌を読むことや，文章を書いて投稿することは，身近ないとなみとなりつつあった。

　例えば，婦人雑誌の先駆に『婦人之友』（1908年創刊）がある。キリスト教を信仰し日本初の女性記者とも言われる創刊者・羽仁もと子（1873-1957）は，勤勉で合理的な家庭生活を志向し，読者に向けてその理念を説くとともに家庭生活上の具体的・実践的な工夫や取り組みを指南した。紙面には読者からの疑問とそれへの応答（育児問答）も掲載さ

れた。女児（4歳半）の便通が3日に1度しかないことを心配する母親からの相談に対し，運動，遊び，生活習慣，食事に至るまで，その留意点と対処法を丁寧に解説するなどしている。雑誌という空間の共有を通じて読者の間には「自分だけではない」という感覚が呼び起こされた。1920年代になると読者の会（「友の会」）が始まり，「主婦」たちの学習と社会活動の拠点となった。その後，全国的な展開を見せ，現在に至る。

　また，当時の婦人雑誌の中で発行部数において群を抜いていたのが「大衆的」「実用派」と言われた『主婦之友』（1917年創刊）である。大正末期には20万部，1934（昭和9）年には100万部を突破し，1941（昭和16）年には180万部に達した。「女学校をでたら婦人雑誌でさらに修養を」と言われ，それは学校卒業後の女性たちのいわば教科書となって高等女学校での学習を補完する機能も有した。実際，実用記事の執筆者には学校で家事・裁縫など家政学を教えていた者たちも多かった（木村涼子『〈主婦〉の誕生　婦人雑誌と女性たちの近代』吉川弘文館，2010年）。

　このように，女性のための学校教育（高等女学校），「主婦」としての家庭生活，婦人雑誌（メディア）は，相互に連関しあいながら新しい「良妻賢母」としての女性像を生み出していった。

3. 新たな世界を切り拓く女性たち

　ところで，学校とは，国家政策や学校側が意図した教育理念，目的，教育課程や授業の内容を超えて，時にはそれを反面教師として，人々に様々な学びの契機をもたらす。個人の側から見るならば，音楽・体育・美術といった芸術系科目で味わう身体的な解放感，学校行事を通しての充実感や達成感，また学校の教育活動以外でも，読書を通じた新たな世界との出会いや学内外に広がる交友関係などは，それまで知らなかったものに触れる刺激的な機会となり，翻って自らを顧みる契機にもなりえ

た。これらを享受するには，身体的にも精神的にも時間的にも経済的にも一定の自由が不可欠であったが，それを得ることができた女性たちの中には，家庭とその近辺に留め置かれていたら味わえなかったであろうことを体験し，新たな世界を切り拓いてゆく芽が育まれていった。

　大正期には，「主婦」が登場する一方で，「良妻賢母」という女性像や女性たちが置かれている窮状を女性たちの中から問題化する動きも現れた。女性の法的権利は著しく制限され，社会的にも女性が自らの意志や意見を表明することが困難な中で，平塚らいてう（1886-1971）を中心に日本女子大学校の学生のつながりを基盤として明治末に創刊された雑誌『青鞜』（1911-1916）は，恋愛，結婚，家族制度，性（貞操，買売春，堕胎），妊娠・出産，経済的自立といった事柄について率直な言葉で自由奔放に発信し，様々な人々，特に女性たちの生き方に大きな影響を与え，読者の全国的な広がりを見せた。それとともに彼女たちは「良妻賢母」を逸脱する「新しい女」として揶揄や軽蔑の的となり批判を受けた（平塚は日本女子大学校同窓会から除名）。しかし，そうした逆境は，むしろ彼女たちに「婦人問題」を明確に自覚させた。「婦人問題」は，個々の女性の資質や心構えの欠如，努力不足に起因するのではなく，女性を「女性」という枠にはめて考える世の中の見方とそれに基づいた法制度や慣習こそが問題だと問題の認識の仕方を転換させた。『青鞜』は数年で終刊を迎えたが，このような婦人問題の視点が，これ以後，取り組まれる様々な社会活動・社会運動（治安警察法第五条改正，参政権獲得，労働問題，廃娼運動など）へとつながってゆく（第7章参照）。

　また，この時期，教師・医者・看護婦といった専門職や，タイピスト・事務員・店員・電話交換手といった新しい職業に就く女性たちの姿が見られるようになった。圧倒的多数の女性労働の場は農業であり，それと結びついた繊維産業であったが，少数とはいえ都市部に出現した「職業

婦人」は，たとえそれが結婚前の数年間だけだったとしても，家庭から離れて個人の世界を持つ契機になったという点で，女性の生き方の変化を象徴するものと言える。

　都市部の一隅には，こうした働く女性たちが職場や職業を超えて集う場も芽生えた。東京・神保町に自前の施設（会館）を持つ東京 YWCA（Young Women's Christian Association, 1905年設立）は，1910年代後半より，学習（簿記・英語・タイプライター・珠算・速記などの職業教育，補習的な夜学，自治的なクラブ活動などの教育事業），休養（夏期休養所・女子保養所），安全な生活の場（寄宿舎）を実施・提供した。1920年代には，様々な「職業婦人」と職業を持たない青年や学生たちが一緒に教室やクラブで学び語りあう姿も見られた（中本かほる（博士論文）「YWCA による女子青年教育の研究——1920～30年代の東京 YWCA の事業を中心に——」東洋大学，2018年）。

　また，大正後期から昭和初期にかけては，女性の高等教育進学が拡大する時期でもあった。それ以前，中等教育機関（高等女学校）卒業後の進学先としては，女子高等師範学校の他，女子英学塾（現・津田塾大学），日本女子大学校（現・日本女子大学），帝国女子専門学校（現・相模女子大学），東京女子大学や，青山女学院・神戸女学院・同志社女学校の専門部などが既に存在していたものの，その在籍者は総数5千名に満たなかった。1920年代になると多数の私立女子専門学校が開校し，10年間で学生数は約4倍の2万人近くになった。これらの女子高等教育機関は，「良妻賢母」教育を基調とし，中上流層家庭の「主婦」を輩出する一方，専門的職業人（医師・歯科医・薬剤師・計理士・弁護士など）の養成も担うようになった。特に，所定の単位を履修することによって無試験での中等教育教員資格が取得可能となり，それを認可された学校は女性に対し教員という職業への道を大きく開いた。拡大を続ける高等女学校に

対し，その教員不足と無資格教員の問題が指摘されており，これに対応するものとして教職は女性たちの卒業後の最大の就職先となった（佐々木啓子『戦前期女子高等教育の量的拡大過程——政府・生徒・学校のダイナミクス』東京大学出版会，2002年）。

　一方，大学（帝国大学，私立大学）は，その門戸を少しずつ女性にも開くようになったが，女子高等教育機関の修了者や，大学入学定員が満たなかった場合に聴講生として認めるといったように受け入れ体制は十分ではなかった。これに対して，聴講生の女性たちから，他の学生（男性）と同じように講義も試験も受け，論文を提出し，進級もしているのにもかかわらず，女性というだけで正規の大学生として認められないのは理不尽であるとの声があがった。そこから各大学女子学生連盟が結成され（1924年），女性も正規の学生として認めるよう，大学や文部省への働きかけも行われた。当時，少なくとも，日本大学に約100名，東洋大学に約70名，早稲田大学に約10名の女性聴講生（特科生）が在籍していたという。連盟委員で日本大学生の糸井知余子は次のように訴える。

　　大学の聴講生，聞えは好いかもしれないが，此等大学に在学している女子の大部分は夜学生なのである。昼間はそれぞれの職業労働にいそしむ職業婦人なのである。／職業婦人として実社会に打突かってゆけばゆくほど，自己の無力がはっきりと意識されてくる。同時に止み難い知識欲は，職業を以て生活の全部とすることに，大きな不安と焦燥を感じさせないではおかぬ。進まずに居ることは，罪悪のやうな気さへするのである。（糸井知余子「女子学生連盟とその運動」『婦人と運動』第3巻第2号，1925年3月）

実社会において自身の無力さを痛感したところから不安や焦りを伴い

つつ知識への欲求へと向かい，それが大学教育の十全な保障を求める行動への原動力となっている。社会生活での切迫感に突き動かされながら学びを求め，教育の場を問い直そうとする女性たちの勢いが伝わってくる。

4.「女工」たちの自己表現

　ここまで中等教育・高等教育とのかかわりを中心に見てきたが，これらの教育と縁が遠かった女性たちにとっての教育はどのようにとらえることができるだろうか。ここでは，繊維産業に働く女性労働者の声を手がかりとして，そこにある自己表現の様相とその息づかいを紹介する（拙稿「戦前における繊維「女工」と書くこと・生活記録」『日本社会教育学会紀要』No.42，2006年6月参照）。

　　　——籠の鳥より監獄よりも　寄宿ずまいはなお辛い。
　　　——工場は地獄よ主任が鬼で　廻る運転火の車。
　　　——糸は切れ役わしゃつなぎ役　そばの部長さん睨み役。
　　　——定則出来なきゃ組長さんの　いやなお顔も見にゃならぬ。
　　　——わしはいにますあの家さして　いやな煙突あとに見て。
　　　——偉そうにするなお前もわしも　同じ会社の金もらう。（以下略）
　　（細井和喜蔵『女工哀史』（改造社，1925年）

　これは細井和喜蔵（1897-1925）が蒐集した「女工小唄」の歌詞の一部である。いつともなく，誰ともなく，口ずさむようになり，それが口伝えに歌い継がれていったものと考えられる，いわば「女工」の労働歌である。同一のメロディと単調な節回しの中にも，その時々の心情や，愚痴，不平不満が，歯に衣着せぬ辛辣な言葉で表現された。その歌詞は，

歌われながらアレンジされたり創作されたりしていったと推測される。

「女工」とは「女性工員」の略称であるが，しばしば製糸業や紡績業の工場で働く女性たちへの蔑視を含むものとして受けとめられてきた。明治中期以降，都市部を中心に大規模な紡績工場が建設されるようになり，日清戦争後の不況期（明治30〜40年代）には，深夜業など長時間労働による搾取と職制の支配，寄宿舎での監視など「女工」への過酷な処遇が横行し，繊維労働史上最も悲惨な状況と言われた。これに対しては，各地で労働争議も多数発生したが，同時に会社側からの動きとして，保育所や学校，医療施設の附設や，消費組合・共済組合制度の導入など労働・生活の環境を改善することで，会社への恩義に報いるといった心性や就労への勤勉さを労働者の中に涵養しようとするものも現れた。大正期には，大手を中心に会社新聞や社内報が盛んに発行され，「従業員」との円滑な意思疎通が試みられた。「女工」たちの声は，こうした会社側メディアの中にも確認できる。

工場に設置されたのが当初は補習的な学校だったことからもわかるように，明治後半，文字の読み書きができる「女工」は少数であった。『職工事情』（農商務省商工局，1903年）は，綿糸紡績女工における尋常小学校卒業者を8.1％（大阪職工教育会調査，1897年），仮名を読めるものを1,221人中112人（9.2％，日本紡績株式会社採用職工教育調べ，1898年）と報告している。それが大正期になると，尋常小学校中退が41.6％（細井1925）〜25.3％（労働統計実地調査，1924年，不就学を含む），同卒業が36.6％（前掲細井）〜66.5％（前掲労働統計実地調査），さらに昭和期には約8割が尋常小学校を卒業するなど（中央職業紹介事務局『紡績労働婦人調査』1929年），「女工」たちの間にも学校教育（初等教育）は広く浸透するようになっていった。

こうした変化に伴い各工場附設の学校は補習教育にとどまらず，「よ

りよい従業員」の養成を施すようになってゆく。読書・算術・裁縫に加えて修身（道徳）を導入し，規律ある生活や行動様式を促した。寄宿舎での講話や修養プログラム（雑巾がけ，読経など）を半ば強制的に実施して労働や奉仕の尊さを教え込もうと試みたところもあった。また，高等女学校に見られたような「良妻賢母」教育を導入し，「女工」獲得をめぐる会社間の競争を有利に運ぼうとする意図も見られた。特に，大正期以降の労働運動の隆盛に危機感を持った経営者らは，改正工場法施行による深夜業撤廃（1929年）で生まれた「女工」たちの余暇時間を積極的に「活用」して，運動会・遠足・花見・盆踊りといった行楽行事を提供するようになった。都市部の大規模な紡績工場を中心とする，こうした動向は，「女工」の生活が，ただ働くことだけに費やされるようなものではなくなったことを示している。実際，休日や余暇に「女工」たちが街の中で買い物や活動写真，映画鑑賞や観劇などを楽しむ光景も見られるようになり，キリスト教会の集まりや夜学に通う者，工場外での茶話会や学習会に参加する者，演説会の弁士や署名活動を行う者も現れた。

　『山内みな自伝　十二歳の紡績女工からの生涯』（新宿書房，1975年）は，当時の「女工」の貴重な証言である。宮城県本吉郡歌津村（当時）に生まれた山内みな（1900-1990）は，尋常小学校卒業後，母の実家の手伝いをしていたところ，一日働けば給料がもらえること，寄宿舎があって食事も食べられることを聞き，前借金10円で東京の紡績工場（東京モスリン亀戸工場）へ入った。12歳だった。1日12時間労働の二交替制で働き，1年ほどたった頃（1914年），ストライキを経験した。20人が解雇されたが，友愛会（1912年設立）による会社との交渉の結果，退職者には規定以上の金が支払われた。労働組合に関心を持った山内は，友愛会会員を増やす活動に加わって月会費の回収にいそしみ，通勤男工

から工場外の出来事やニュースを聞くのを心待ちにする日々を送るようになった。友愛会会員が増えると工場内にも変化が現れた。1916（大正5）年には友愛会婦人部が結成され，その大会代議員になった山内は，日本橋支部発会式（1919年）に参列し次のような演説を行った。「私も労働者，皆さんも労働者，同じ人間であるはずなのに，私は紡績女工とさげすまれる。私は一人前に，みなさんのように働いているのに，社会は同じ人間として扱ってくれない。私はこんな社会はなおさなければだめだと思っているので，社会のためにこれから働きたいと思う」。この時，山内は18歳であった。

このような軌跡からは，労働環境を具体的に改善するのに力を尽くす労働組合との出会いを契機に，一人の人間としての自覚とそれを阻む社会への批判的な視点を自らの中に養っていった様子がわかる。

1912（明治45）年に設立された友愛会は，大日本労働総同盟友愛会（1919年），日本労働総同盟（1921年）と改称し組織化をはかった。その機関誌『労働婦人』（全73号，1927年10月〜1934年2月）には，多数の繊維「女工」の投稿が掲載されている（投稿者数211人，投稿本数416本と推定）。俳句や短歌といった文芸にとどまらず，労働組合の活動報告や争議レポート，仕事や日常生活の様子や出来事などを綴ったものも見られる。例えば，以下はその一例である。

　　それは朝からどんより曇ったうすら寒い日の正午の休みでした。私はお友達四人で落花生を食べて居りますところへ，秋子さんが来ました。
「まあ随分ばかにして居るよ」
「どうしたの？」
「今ね，虫歯が痛いから，医者へやって呉れと云って見廻りさんの

所へ行ったら，今三時間我慢しなって云ふのよ。私我慢出来る位な
ら頭下げて頼みやしないわ」
と云って泣き出しました。見れば顔は一厘玉をくわへた様に張れて
居ります。私も本当に気の毒に思いましたけれど，どうする事も出
来ませんでした。私は持合わせの宝丹がありましたので上げました。
秋子さんは大変喜んでそれを口にくわへて涙をふきました。
「よし子さんありがたう。見廻りさんたら，自分だって痛い時には
すぐあがって行く癖に台の子だと思ふと馬鹿にしてるわ」
「そうよ。自分だったら鼻糞程の事でも大騒ぎをしてゐる癖に，私
達がどんなに悪くったってへいとも思はないのよ。あんな生意気な
人ないわ」
と皆めいめいにあらを拾い始めました所へ，二番の汽笛が鳴りまし
たので，自分の台へとつきました。（以下略）（斎藤よし「涙のあと」
1929年3月）

　この文章はこの後，次のように続く。筆者自身も頭痛を訴え，同様に
見廻りに相手にされなかった経験があったこと，しかし，昨年8月には
さらに思いきって全体見廻りに言ったところ休ませてもらえたことか
ら，「私はやはり云ふ時には云はなければ駄目だと思った」。そして見廻
りさんだからと恐がる必要はない，これからはもっと労働組合員の意気
を見せてやろうと決心したと書いている。
　同じく総同盟傘下の紡織組合沼津支部（東京モスリン紡織会社沼津工
場を中心に1927年結成，約600名の組合員により第1回大会を開催）は，
文化活動として月1回の弁論大会の他，歌・舞踊・落語・演劇などの「プ
ロレタリア演芸大会」を開催，図書室や娯楽室を備えた労働会館（1929
年）を開設し，消費組合活動（1931年）や「移動民衆婦人学校」の開催

など活発な活動を行った。従業員と工場の各代表者が労働条件や待遇の改善を協議・決定する独自機関として設定された「工場茶話会」には「女工」たちも参加し（1928年度第3回茶話会では従業員代表19人のうち3人が「女工」），寄宿舎への布団干場の設置や裁縫室の設備の改善を提案（可決）した。また，支部組合員に「働く婦人の生活統計」アンケートを実施し，入社理由，社会・会社への不平不満，毎月の講読雑誌，信仰する宗教，最近見た映画，一番楽しいこと・つらいこと，労働組合に対する考え方等を尋ねてまとめる調査活動も行っていた。

　こうした活動の実際は，業種（製糸，紡績，織物など）や会社・工場の規模によって異なり全国一律ではなかった。また，労働者の待遇や環境の向上の背景には雇用主によって用意周到に準備された温情主義的な労務管理があり，これを別様の抑圧としてとらえる視点も重要である。「女工」が比較的多く参加した繊維産業の組合は労資協調路線を執る傾向があり労働運動としての力は強いとは言えなかった。他方，分裂や抗争が絶えなかった労働運動内部で様々な制約と困難に直面した女性たちは男性幹部に従属する存在と見られていた。それゆえに女性たちの声もあまり着目されてこなかった。これらを踏まえて，本節で見た文化活動の意味は，より慎重に検討する必要がある。

　とはいえ，「女工」たちの中に，各々が駆使しうる方法で，家族への思いや会社への反発や抵抗，労働者の誇りや自負を表現し，皮肉も込めた冷静な現実描写を行う者，解放感や充実感，争議や運動での高揚感や連帯感を味わう者が存在していた事実には目を留めておきたい。1日25銭での労働状況に対して15歳の「女工」が「法外の酷使は出来ないようになっているそうですが本当でしょうか」と山形県監督課に訴える手紙を送り，そこから工場調査が実施されたという報告（1931年）からは，「女工」たちの文章が信頼に足るものとして受けとめられ調査を促すだ

けの説得力を持ちえたことを推測させる（山形県・山形県女性の歩み編纂委員会編『時を紡ぐやまがたの女性たち　山形県の女性の歩み』みちのく書房，1995年，205頁）。労働争議中（1930年）に，「女工」たちが「東洋モス亀戸工場西寄宿舎一同より」（仲丸マツ以下15名自署）として出身地の新潟県北魚沼郡の女工保護組合宛に窮状報告と心配無用との手紙を送ったのは，会社が「女工」の家族や出身地に働きかけて労働争議の切り崩しをはかるという常套手段を見越して先手を打ったものと理解できる（中村政則『労働者と農民　日本近代をささえた人々』小学館，1976年）。このような事実もまた，自分たちが置かれた状況を踏まえつつ各々なりに打開策を模索しながら集団的な行動を追求した「女工」たちの姿を浮かび上がらせている。

　以上，本章は，学校・家族・労働が急激に変化する中での青年たちの経験をジェンダー／女性の視点から考察した。

※引用文については，読みやすさを考え一部現代かなづかいに表記を改めた箇所があります。

7 ｜ 女性団体・女子青年団と家庭教育

辻　智子

　女性たちも暮らしの場で様々な集まりや集団を形成してきた。活動が活発化してきた1920年頃より，それを外から「指導」「統制」しようとする動きも現れ，総動員体制・戦時下においては単一の組織へと統合されていった。家庭の外での団体活動は，従来そうした機会を持てなかった女性たち，とりわけ農村の女性たちに新鮮な経験をもたらしたが，同時に，女性たちもまた戦争を支え促す役割を担うこととなった。

《学習の目標》　女性の団体活動とそれを対象とした国家政策の歴史を知る。国家主導の参画と動員を批判的に検討することにつなげて考える。

《キーワード》　婦人団体，婦人会，処女会，女子青年，家庭教育，母

1. 農村における女性の団体活動と「青年」「処女」への着目[1]

　1920（大正9）年に内務省社会局が実施した調査は全国の処女会総数を6,185（会員数53万29人），婦人会総数を5,570（会員数87万2,407人）と報告している（『全国処女会婦人会の概況』1921年）。ただしこれは道府県の申告によるもので処女会・婦人会の統一的な定義はなされておらず両者に明確な区切りはなかった。一つの団体内に処女部・主婦部があるところもあれば特に区分のないところもあり，婦人会から分離して単独の処女会が立ち上がったところもあった。名称も，婦女会，主婦会，淑

---

1)「婦人」は年齢や婚姻状況にかかわらず広く女性を指す言葉として使用されてきたが家庭役割の意を前提に含むため現在では差別的表現とみなされる。「女子青年」は暗黙に男性を前提する「青年」に対し女性の存在を明示すべく使用されてきたが女性のみを有徴化することには注意が必要である。「処女」は基本的に未婚女性（「家に処る女」）を示し，性的経験と関連づけられた使用は1910〜20年代以降に現れる。本稿では「婦人会」「女子青年団」「処女会」を歴史用語として用いる。

女会，母姉会，少女会，娘の会，女子同窓会などがあり活動も様々であった（**表7-1**）。講（観音講，念仏講，天神講，子安講等），宗教的な会合，社交的な場を由来とするもの，小学校同窓会・同級会，裁縫会が再編されたもの，修養・研鑽・補習教育・生活改善・婦徳涵養を目的に新設されたものという具合に結成経緯も一様ではない。軍事援護活動を契機とするもの，地方改良運動の中で戸主会・青年団（青年会）等とともに村の組織の一部として生まれた団体もあった。青年団（男子）に関する文部省・内務省共同訓令（第1次1915年）を受けて，県や郡が小学校長らに対し，学校卒業後の補習教育の場として女子のために処女会を開設するよう要請したところもあった。このように，少なくとも1910年代末時点においては女性たちの様々な集団・団体が存在していた。ただし，必ずしもすべての女性がそこにかかわっていたわけではなかった。

表7-1　処女会・婦人会等の具体的な活動（事業）の事例

裁縫，割烹，手芸，作法，育児，看護，産業等に関する講習会，講演会，講話会，矯風事業，見学旅行，図書雑誌の回覧，共同貯金，高齢者慰謝会，吉凶慶弔慰問，小学児童就学督励援助，善行者表彰，遠足会・運動会，文庫経営，展覧会・品評会，廃物利用奨励，謝恩会，慈善事業幇助，結婚者の送別祝賀会，補習教育，道路危険物の除去，模範田の試作，会報発行など【以上，処女会】。火災予防衛生の奨励，時間励行，家庭改善，生活改善等に関する講演，講習，講話会，慈善事業幇助，廃物利用の共励，染織，漬物，育児，看護等の研究会，町村自治に関する実行申合等【以上，婦人会】。

（出所）『全国処女会婦人会の概況』（内務省社会局，1921年）より作成。

　こうした状況において，東京に設立されたのが処女会中央部である（1917年11月設立，1918年3月発会式）。これを主導したのが内務省嘱託・天野藤男（1887-1921）である。天野は，世の中の変化や経済的疲弊で揺らぐ農村を再編し，その秩序を維持・回復させるべく，農村青年を支える女性を養成する必要があると考え，「何処までも農を国の本な

りと認め，愛郷土着，従順貞節なる農村の働妻健母を養成するを主眼とし，其目的を達する為に，団体の結合を促し，婦智の啓発，婦徳の涵養，婦巧の訓練」（天野藤男『農村処女会の組織及指導』1916年，6頁）を提唱していた。ここで「処女」という言葉には，都会の奢侈に流されず貞操を守る女性という意味が込められていた。

　処女会中央部は，山脇房子（1867-1935，1903年，山脇高等女学校創設），嘉悦孝子（1867-1949，1903年，女子商業学校創設），鳩山春子（1861-1938，1886年，共立女子職業学校創設），吉岡弥生（1871-1959，1900年，東京女医学校創設）らの協力を得ながら機関誌『処女の友』（**写真7-1**）の発行や全国各地での巡回講演等を行い処女会の設置を奨励し援助した。農村（「地方」「田園」）にとどまらず工場にも処女会設置を促したのは，労働組合対策を意図する経営側との連携をはかり農村出身の出稼ぎ「女工」を保護するとともに彼女らを無事に帰村させるためだと説明された。

第1巻第1号　創刊号　　第2巻第5号　7月号　　第3巻第4号　4月号　　第3巻第10号　10月号　　第5巻第2号　2月号

写真7-1　機関紙『処女の友』（静岡市 庵原生涯学習交流館所蔵／不二出版株式会社復刻）

　処女会中央部に特に注目した文部省は，その運営への関与を深め，自らも全国調査に着手した。処女会中央部は篤志家による寄付を運営資金

とする民間団体であり組織的・財政的基盤は盤石とは言えなかったのに対して，文部省は，初等教育後の学校に代わる教育・修養機関として処女会を位置づけ，その指導者に社会教育主事と女教員を当てて社会教育行政機構の整備とともに指導体制を確立させようとした（井上恵美子「処女会の体制的組織化過程――1910-20年代にみる内務・文部両省の処女会政策を中心に――」『信州白樺』第59・60合併号，1984年）。

　ここで処女会指導を担ったのが文部省嘱託・片岡重助（1886-1962）である。その著書『新時代の処女会及び其の施設経営』（1923年）は，旧来的な女性の修養を再解釈し，処女期を良妻賢母への準備だけに費やしてはならないとして「新しい時代」の女性と教育のあり方を展望した。身体的・心理的発達に関する科学的知見の活用，自治的な運営方法，職業教育の必要，連合組織の展望といった視点を持ち込み，「自治民」「国民」としての教養という視点から「処女期としての生活の価値」を指摘した。

　農村振興の担い手である夫を支える「良妻賢母」「働妻健母」の養成を唱える天野と，国家や社会の担い手として個人の教養の涵養を基本とする片岡の間には相違がある。しかし，明治期に登場した「青年」の背景をなす軍事的・教育的な国家の意図（第1章）が主に男性へと向けられていたことを考えれば，ここに，女性の若年期・未婚期への着眼とそこへの働きかけの必要性への認識の登場という共通点も見出せる。

　もちろん，「青年」としてのあるべき姿や，「青年期」に学ぶべきとされる内容は性別非対称であった。女性の中から，静岡県浜名郡白脇村処女会会長・竹田はるのように，これを問題化する者も現れた。この処女会では，会長・副会長・書記・支部長といった役員29名すべてが総会時の選挙で会員（女性）の中から選ばれていた。

（浜名郡の処女講習会に）六名出席いたしました。斯様にして幾分なりとも女子を向上させようと考えて居ります。ふりかえって以前の女子を考えて見ますのに女子が学校を卒業して一度家庭の人となれば外へ出て新らしい知識を得ると云う機会もなく，さりとて家に居て書を読むと云う暇もなく日夜忙はしく暮して居るばかりであるから，此の進み行く世に連れて行くと云うことは六ケ敷いのであります。一方男子は学校を卒業するとも書物により新聞によって新らしい知識を得ることが出来るし，又他所へ出る事も多い為め名士の講演等も耳にする機会が多いのであります。従って学校卒業当時に於ては格別の差を持たない者も年を経るに従って益々其の差が大となるのであります。之は誠に口惜しい事であります。（1924年白脇尋常高等小学校『村教育』第4号，引用は『浜松市史』新編史料編三，2004年，335-336頁）

　ここには男女を同等に見ようとするまなざしがある。これを一般化はできないが，農村においても，本や新聞を読み，外の世界の新しい知識を得たいと欲する女性たちがおり，そのように女性たちが家庭外に集まる場を持ち集団的な活動を始めていたことを確認できる。「中央」や男性の処女会指導の枠に収まらないものが芽生えていたと言える。

2. 女子青年団とその組織化

　処女会等の活動が徐々に活発になり，その連合組織が各地で設立され始めたのを受けて，1926（大正15）年，文部省と内務省は女子青年団体の振興に関する共同訓令を発した。「人格を高め健全なる国民たるの資質を養い女子の本分を完う」するため「適正な指導」が必要だと考えられたのである。この訓令には，「忠孝の本義」「婦徳の涵養」が掲げられ，

実生活に適した知識技能の習得と勤倹質実の実践，体育重視と健康の増進，公共的精神の涵養と社会福祉への寄与等がうたわれている。また同時に出された通牒には，市町村・小学校通学区・工場・商店を設置区域として小学校卒業から結婚または25歳までの女性で女子青年団体を構成すること，そこには学校長・市町村長・有識者らを指導者として学校教職員や篤志婦人の協力を求め，経費は会費と勤労収入で賄うことなどが示された。そして，令旨（1920年，皇太子の命令文書）によって勢いづいていた青年団（男子）と足並みをそろえる形で，1927（昭和2）年，大日本連合女子青年団（以下，連女青）が設立された（処女会中央部は解体）。加盟単位は道府県連合組織であり，創立時は23団体だったが，まもなく47道府県を網羅し，さらに樺太連合女子青年団もこれに加わった（1935年）。傘下には，団体約1万4千，団員約160万人が連なった（『大日本連合女子青年団の全貌』日本女子青年教育振興会，1942年）。

　各地の状況に目を向けよう。「田舎青年」による青年会を提唱した山本瀧之助の地元・広島県では，1921（大正10）年，県教育会が郡女子青年代表340名を集めて処女大会を開催，その後，小学校同窓会を基盤に処女会の発足が相次いだ。1920年代半ば以降，女性たちは村の生活改善の推進役として，また農業の担い手として期待を寄せられるようになってゆく。「今や婦人が男子の奴隷たる時代は過ぎて，漸く社会における地位と力の認めらるる時となりました」と宣言を掲げるところ（深安郡市村処女会，1926年）もあり，自らを「改善」「改革」の「主体」として認識し内外にこれを表明するようになった。また，県内各地での処女大会や青年処女講演会等で「産児制限と公娼廃止」「婦人参政権について」といった意見発表を行う女性も現れた。このような中で広島県連合女子青年団は結成された（1929年）（今中保子『日本近代女性運動史——広島県を中心にして——』溪水社，2002年）。

100

表7-2　中津村（神奈川県愛甲郡）処女会／女子青年会／女子青年団の主な活動

1922年	2月，料理講習会（中津校友会女子部主催，5日間，47人，講師は郡立実科高等女学校教諭）。
1925年	12月，簡易料理・菓子製造講習会。これより前に中津村処女会（会員数176人）が発足。
1926年	1月，県主催女子青年団幹部指導講習に参加（各村5人わりあて）。2月，中津村処女会春季総会開催（以降，女子青年会または女子青年団と称する）。
1927年	1月，春季総会開催（参加者約200人），会員6人が意見発表。
1929年	4月，中津村青年団文芸部文芸講演会に参加（聴衆は男女計約100人）。
1932年	11月，大日本連合女子青年団大会（日本青年館）に参加（中津女子青年会から8人）。同月，看護法講習会開催（4日間）。12月，国民更生委員会に会長出席。
1933年	2月，料理講習会開催（3日間，文部省生活改善同盟会員による農村材料でできる料理法）。3月，女子青年会館建設資金調達のため小学校学芸会に売店を出しパンを販売。
1934年	1月，真綿かけ研究会開催（指導は副団長，10人余参加）。3月，花嫁衣裳着付け講習会。同月，郡男女連合青年団春季大会に参加（斉藤ユキ子「私の願い」発表）。10月，小学校運動会で敬老会活動。
1935年	1月，大日本連合婦人会主催花嫁講習会を開催（講師は井上秀子ら）。
1936年	2月，総会。3月在満兵士への慰問資金集めのため小学校で映画会を開催。同月，郡連合男女青年団総会に参加（約400人の聴衆の中で斉藤ユキ子「父に別れて」発表）。同月，県連合女子青年団総会に参加（中津から5人）。4月，天長節祝賀会に参列。5月，全国児童愛護週間の事業で児童の頭髪手入れ。小学校に茶わん100戸寄贈。6月，農繁期託児所を開始（愛甲郡他から社会教育委員40人が視察に来村）。10月，小学校秋季運動会に参加，敬老会を開催，手づくりの赤い羽織下用胴着を贈呈。11月，明治節祝賀式に参列，演習で村を通過する近衛歩兵の休憩所を設置し接待。
1937年	3月，作法講習会開催。同月，副団長・斉藤ユキ子が県連合女子青年団総会で表彰される。5月，農繁期託児所開設。8月，村主催の皇軍戦勝祈願祭に団員一同参列。9月，臨時総会を開催し，大佐の時局講演と幹事会。10月，小学校運動会・敬老会。同月，武運長久国威宣揚祈願祭に参列。12月，団長が出征兵士慰問のために役場に100円寄附。同月，南京陥落祝賀会，神社まで旗行列。同月，行幸の天皇の奉送迎に団員32人出席。
1938年	5月，「愛国開墾」が完成し竣工式（中津村青年学校，男女青年団が「資源開拓・尊農愛郷」のスローガンで2月より実施）。12月，東京第二陸軍病院で勤労奉仕（中津村女子青年学校生・女子青年団員20人が参加）。
1940年	3月，東京第三陸軍病院を慰問。5月，農繁期託児所開設。7月，県女子青年団拓殖講習会（箱根町）に参加。8月，大日本女子青年会県連合幹部講習会に郡の代表として参加（団員・中村為子）。10月，満洲の青年義勇隊に慰問袋を送付。同月，連合女子青年団が強歩大会を開催（230人参加，中津からは38人）。同月〜翌月，軍用地勤労奉仕。11月，紀元2600年奉祝記念会に参列。同月，男女合同体育大会。12月，奉献米2升を郡女青に送付。
1941年	総会で秦野家庭寮長が講話（講師は満洲開拓成功のため花嫁送出の活動者）。

（出所）『あつぎの女性──愛甲郡女子青年団のあゆみと聞き書き──』（さがみ女性史研究会「さねさし」編・発行，2020年）より作成（辻）。

　また**表7-2**は，神奈川県愛甲郡中津村処女会（女子青年会または女子青年団とも称す）の活動の抜粋である（『あつぎの女性——愛甲郡女子青年団のあゆみと聞き書き——』さがみ女性史研究会「さねさし」編・発行，2020年）。すべての活動が反映されているわけではないが，少なくとも次の点を確認できる。会長など役員が女性会員から選出されていたこと，料理講習会や真綿かけ研究会など日々の暮らしに直結した活動を自ら行っていたこと，青年団（男子）の活動にも参加して多勢の前で意見発表する者も複数いたこと，主に幹部を対象とした講習会への参加や派遣講師による催しを通じて郡・県の連合組織や連女青と直接的な関係を持っていたこと，個人（団体）の表彰が行われていたことである。また，1930年代半ば以降，軍事援護活動（慰問袋の作成，慰問や慰問資金の創出，兵士の接待等）や勤労奉仕（開墾等），国家意識・戦意発揚のための村の公式行事への参列が頻繁に行われるようになり，しだいにその比重を増していった。村の労働力として，また儀式や行事を構成する公的組織として，女子青年団は，村内で一定の存在感を持つようになっていったと考えられる。

　表7-2（1936年）の斉藤ユキ子の意見発表「父に別れて」は以下のような内容であった（前掲さがみ女性史研究会2020）。

　　乳呑児のうちに父に死別れ，一人の兄に逝かれて，貧しい家庭は粟を食べ，教科書，学用品に不自由し，学校は休み勝ち——，やっと六年を卒業した。益々細りゆく家計，乙女心に感ずる不安と焦燥，明るい生活を求むる心——十五の春を迎へた私を苦闘の生活から救ってくれたものは，処女会であった。私は向上に燃ゆる精神さへ持っているなら，自分のように学問のないものでも必ず為になると思って入会させて頂いた。そして時折開かれる講演会，講習会は自

分のためには骨となり肉となった。（以下略）（斉藤ユキ子「父に別れて」神奈川県青年団連合会機関誌『武相の若草』141号，1936年5月）

　斉藤にとって処女会は貧しく苦しい生活を支えるのに欠かせないものであり，県連合会の行事だったことを割り引いてもなお当時の処女会が下づみの農村女性にとって魅力的に見えた可能性がある。実質的には強制だった「上」からの要請が受け入れられていったのも，こうした状況の中であったと考えられる。概して青年団機関誌はしだいに「上」「外」からの呼びかけを支持する声であふれてゆく。これを利用して青年団体の指導者は，投稿や書くことを盛んに呼びかけ，国策遂行への「自発的」「積極的」な姿勢を引き出していった（生活記録報道運動，第8章）。また日本の植民地では，より広範囲の女性や子どもを「日本語」「日本文化」へと同化させる教化運動の推進役を現地の女子青年団員が担うようにもなった。

　こうした状況で国策への違和感や疑問の声を資料の中に見出すのは難しい。とはいえ青年団機関誌の中には次の投稿のように自らの生活実感から農村の労働問題への疑問を告発する声もないわけではなかった。

　「待てば海路に日和あり」「稼ぐに追ひつく貧乏がない」ならば，とうの昔に百姓達は幸福になって居る筈である。炎熱の下に肌をさらし泥土の中にすねを没して粗衣粗食に甘んじ，粒々辛苦，山なす俵を積み上げて眺める喜びはつかの間，やがて地主の蔵へ運び込まれてしまふ。そして其処には僅かな屑米が自分等の糧として残されるのである。それ故農民の妻女等は白粉や香水のかほりどころか，土臭い自分の皮膚を顧みる余裕なく，鏡に向ふ暇には生糸を取り，桑

を摘み，鶏を飼はねば到底食うて行くことが出来ない。（諏訪英子
「農村婦人の立場から」荻野青年団文芸部・荻野村農会『荻青の光』
1巻1号，1929年4月，引用は前掲『あつぎの女性』）

　こうした声を共有する場が村の青年団機関誌にわずかでもありえたこ
とは貴重である。また戦後へとつながる伏流でもあったと言える。

3．女性団体・運動の広がりと家庭教育政策

　ところで，1920年代には，目的や志を同じくする女性たちによる新た
な形態の集団・団体も多数登場した。民法や治安警察法の改正，婦人参
政権，公娼廃止，母子保護などを要求する団体（新婦人協会，婦人選挙
権獲得期成同盟等），労働者の権利や職場の改善を要求する同業者団
体・労働組合（女教員，女給，産婆，職業婦人の連盟・協会，労働組合・
農民組合の婦人部等），社会主義・共産主義に共鳴する女性の集団（赤
爛会等）が生まれ，生活の切実な要求にもとづく様々な動き（消費組合，
ガス料金値下げ，無産者託児所等）も広がった。女性たちの手による講
演会の開催や機関誌の発行，デモンストレーション，ビラまき，陳情と
いった活動も見られるようになった。

　そして，これを横断的につなぐ連絡組織が発足し，その広がりが加速
した。1919（大正8）年11月，大阪43団体，京都9団体，神戸8団体，
その他37団体個人が発起人会に参加し婦人会関西連合（後に全関西婦人
連合会と改称）が設立された。大阪・中之島公会堂で開催された第1回
大会には約4千名が集まった（石月静恵・大阪女性史研究会編著『女性
ネットワークの誕生　全関西婦人連合会の成立と活動』ドメス出版，
2020年）。以後，大会では，治安警察法や民法の改正問題の他，教育，
体育，育児，農村振興，職業，廃娼，禁酒等多岐に渡る問題が討議され，

第7回大会（1925年）からは「婦選」要求が可決された。キリスト教や仏教など宗教系の団体から，愛国婦人会，高等女学校同窓会，趣味の会，その他，従来連携・協力関係になかった多種多様な女性団体が一堂に会し，さらに県や郡市でも同様の連絡組織を生み出すよう積極的に働きかけたことは画期的であり，機関誌『婦人』には各地の様子が盛んに紹介された。また東京でも関東大震災の救援活動を契機として東京連合婦人会（1923年）が発足した。

　さらに農村でも農民組合や自治会の活動が始動し小作争議が頻発する中で，それらに加わる妻や娘たちが現れた。生活の必要に迫られての切羽詰まった行動であり，家庭を守るために家庭の外に出て意思表示をすることが迫られるほどの厳しい状況だったと言えるが，紡績工場での経験等も経て，抗議や抵抗の必要を自覚し，自らそれを表明せんとする女性が現れたことは，農村に新たな衝撃をもたらした。

　1930（昭和5）年12月23日，文部省は大臣訓令「家庭教育振興ニ関スル件」を発した。子どもの人格涵養の場であり国の運命を左右する要としての家庭教育が「不振」であり，そのため「放縦ニ流レ詭激ニ傾カントスル」状況が生じているとして危機感を表明するものであった。そして，女性たちの自覚を喚起すべく女性団体に奮励を促し，具体的には，母の会・婦人会・主婦会・母姉会・同窓会等を市町村・部落単位や学校を中心に設置して，その連合体を組織化するよう呼びかけた。

　そして，そのまさに同日，大日本連合婦人会（連婦）が設立された。その中枢には，女子教育関係者らと並んで文部省社会教育局長（関屋龍吉，1931年3月より常務理事），同成人教育課長（小尾範治）がいた。女性と女性団体を家庭教育施策の対象（「主体」）に据え，それを自ら統括しようという施策者の意図が見える。子どもの教育への家庭の関与と責任の強調，それによる学校教育の「効果」の拡充というねらいとあわ

せて，諸方面での女性団体の活動の広がりへの警戒とその統制という問題意識があったと言われる。

　文部省は，以前（1930年の訓令前）より，女性を対象とした施策として，生活改善展覧会や成人教育講座・婦人講座を行い，衣食住や家庭経済にかかわる科学的・合理的な知識技術の普及をはかってきた。ここで女性（「主婦」）に求めたのは，栄養に配慮した食事，衛生的な日常生活，家計の管理，子どもへの格別の配慮，一家団欒の担い手になることなどだったが，それは個人や各家庭の問題としてだけでなく国家存亡にかかわる政治的な問題との認識があった。乳幼児死亡率の減少，衛生・健康・体力の改善・増進は，欧米に対抗しうる国家の建設のために重要であり，だからこそ日常生活は改善されねばならなかった（小山静子『家庭の生成と女性の国民化』勁草書房，1999年）。これらの取り組みを踏まえて1930年代には家庭教育指導者講習会や「母の講座」を全国的に展開し，有識者らの講話を通じて，あるべき女性像・家庭像を説いた。

写真7－2　栄養改善講習会　山形県豊田小学校，1939年（鈴木恒男氏所蔵）

　大日本連合婦人会（連婦）の方は，全国婦人団体相互の連絡提携によって家庭教育の振興に寄与するとの目的に向けて道府県並びに各植民地連合婦人団体によって組織するとされたが，それは容易になされなかった。創立時点で8団体，2年後でも21団体にとどまった。とはいえ，柳条湖事件（1931年9月18日，「満洲事変」）以降，国家の「祝日」を家庭で祝う行事（国旗掲揚，建国団子づくり，神社参拝等）や，衣食住・家庭経済・社交儀礼の改善（結婚式の簡素化，貸衣装利用等），大日本連合女子青年団との共催事業を通して，連婦の存在も徐々に浸透していった（阿部恒久「大日本連合婦人会小史」民衆史研究会編『民衆運動と差別・女性』雄山閣，1985年）（1942年の解散時点で45団体）。

　事業としては，調査研究，図書・雑誌の刊行，大会・協議会・講習会・講演会・展覧会の開催，講師・指導者の派遣・紹介，家庭教育に関する相談所の設置，家庭教育・家庭生活優良必需品の紹介等が計画された。その中に，「花嫁学校の元祖」と位置づけられた家庭寮の教育事業がある。「将来主婦として家庭生活に必要なる精神的修養を為さしめ且実際的技能を修得せしむる」目的で，1932（昭和7）年，東京・お茶の水（旧東京博物館）に「お茶の水家庭寮」が創設された（『大日本連合婦人会沿革史』1942年）。「高等女学校卒業程度の素養」のある17歳以上の女性で定員35名（翌年以降徐々に拡大，1938年度70名），修身・公民，作法，国語・国学，家事，裁縫，家庭科学（家庭管理，教養，保健，栄養，工作，住居）といった教科と見学実習や家庭実務などが半年間（1937年度より1年間）行われた。教える人と教えられる人との人格的な交流と実生活に役立つ実務的な内容は当時の学校教育の不十分さへの問題意識が背景にあったとされる。女子専門学校に匹敵するほどの費用負担があったにもかかわらず9年間で少なくとも1,000人超が全国から集まった。浪花家庭寮（連婦・大阪連合婦人会），福岡家庭寮（福岡連合婦人会）

など東京以外でも開設されるとともに短期間の家庭寮拡張講座（「短期花嫁講座」，1カ月十数回の講座）も各地で行われた（伊藤めぐみ・志村聡子「大日本連合婦人会による家庭寮事業の展開——機関誌『家庭』の記事を中心に——」『総合女性史研究』第23号，2006年）。

　全関西婦人連合会が加盟反対を表明するなど都市部の女性団体との連携に課題を抱えていた連婦であるが，その活動が都市・中上流層に傾斜しているとの批判も受け，農村女性の組織化に力を注ぐようになった。そこで提唱されたのが系統的婦人会論である。町村婦人会—郡連合婦人会—道府県連合婦人会—大日本連合婦人会と「下から上に一大体系を成している」ものを指す。その特徴は，地位，職業，資産，教養，趣味，信仰等に関係なく「全婦人の結合」による組織との考えである。

　　家族主義国家の伝統を保持し民族精神の長養を図るにはその単位たる家庭の浄化に基調をおかなければなりません。特に系統団体たる婦人会の使命はここに存するのであります。婦人会は単なるインテリ婦人の自己満足のための会団でもなく，何等かの目的を強いて実行せんがための形式的名目的な団体でもありません。家庭があり，隣保があり，村落がある所にその必然的に発生する婦人の共同体が系統婦人会の胚子であり，その共同体の機能こそは生活即修養即奉仕の体制でなければなりません。（『系統婦人会の指導と経営』大日本連合婦人会，1935年，1頁）

　目的や志が明確なものとは異なり，村落の生活の必要から生まれた女性たちの共同体に基盤を置き，5，6人〜10数人の近隣関係（組）を相互的な関係による自治の単位ととらえた。組の集まりとしての支部・分会や郡市連合は指導単位であり，そこでは会員が共通の趣味や研究関心

によって同好会・倶楽部に集って指導者を得ながら探究を深めることもありうるとされた。これを提唱した片岡重助（連婦参事兼事務長，前出）は，この組織論を説いて全国を行脚したが，ここで興味深いのは，片岡の描く組織イメージには，留学先（1925〜1927）のアメリカで触れた，コミュニティに基礎を置く少人数での青少年活動（少年少女倶楽部，女子野営団，スカウト，４Ｈクラブ等）があったとの指摘である。系統的婦人会論は，戦後，地域婦人会の組織原理として継承される（野田満智子「片岡重助の生涯と思想」『信州白樺』第59・60合併号，1984年）。

4. 戦時体制と女性の動員

　大日本連合女子青年団（連女青）は，柳条湖事件直後（1931年11〜12月），中国東北部に満洲駐屯軍慰問使（8人）を派遣した。以降，視察団派遣，慰問袋送付，軍遺家族義援金募集の他，公共奉仕の精神・技能を養成する女子義勇隊（1937年創設），傷痍軍人の再起援助等の指導者講習会（1938年開始），満洲建設勤労奉仕隊女子青年隊派遣協力（1940年）を行っていく。また，1938（昭和13）年には「満蒙開拓の熱意」を喚起し，男子開拓者の配偶者の送出を促進すべく全国女子青年団指導者移植民教育講演協議会を開催，配偶者斡旋にも乗り出してゆく（開拓士結婚相談所開設，1940年）。青少年団体の組織一元化（1941年）により連女青は大日本青少年団へ統合されるが，開拓者との結婚推奨や訓練など「女子固有の使命」とされるものは女子部として引き継いでいくこととなった。

　国策（女子拓殖事業対策要綱1942年）に先行して，1930年代より長野・宮城・山形・新潟・広島などでは女性たちを訓練所や講習会に集め，現地での生活を想定し「開拓士」の配偶者として必要な知識・技能を養成する事業を行っており，各地の女子青年団や婦人会もかかわった。例

えば，分団副団長だった女性（宮城県）は，「花嫁」志望ではなかった
が青年団活動を通じて顔見知りとなった村長に声をかけられて女子拓殖
講習会に一週間，参加し，帰宅後，地元青年団で次のように報告した。

> とにかく，今の国の情勢ということを先に話してね，そして，この
> ままでは日本はとても潰れてしまうんだと。いながらにして潰れて
> しまうから，満洲国というものを今作ってあるから，そこに日本か
> らどんどん開拓の希望者が行って，第二の日本を作りましょう。そ
> ういうことをまず話してね。絶対満洲さ行ったって心配ないからっ
> ていうことをまず言うわけよね。……日本の国のために広いあの満
> 洲の国さ行って思い切り働いてみないかって……（引用は，相庭和
> 彦・大森直樹・陳錦・中島純・宮田幸枝・渡邊洋子『満洲「大陸の
> 花嫁」はどうつくられたか』明石書店，1996年，98頁）

　講習会での県関係者の講義をそのまま報告したと思われるが，それは
他の女性たちを勧誘する言葉となった。また講習会参加者リストと女性
たちの写真が県によって開拓団に提供されており，それを通じて結婚の
申し入れも来た。この女性は，何度も断ったが，皆に勧める立場に立っ
たという責任も感じ，最終的に承諾して海を渡った。このようにして，
実際には，動員する側と動員される側は重ね合わされていた。
　文部省は，「国家総力を結集し以て聖業翼賛に邁進すべき時」に至り
「家の使命」はいよいよ重要として「戦時家庭教育指導ニ関スル件」
（1942年）を発し，母性を強調して戦争遂行を支える女性たちの国家意
識を強化した。女子教育関係者ら女性団体のリーダーたちは国民精神総
動員中央連盟（1937年発足）の委員として，その推進役を担った。1941
（昭和16）年，大日本婦人会（愛国婦人会，大日本連合婦人会，大日本

国防婦人会を統合）が結成され，満20歳以上のすべての女性が会員とされた。

　以上のような歴史を踏まえれば，女性の社会参画（男女共同参画）が称揚される現在もまた，それが何に向けての参画なのか，参画の先に何があるのかを吟味するいとなみが不可欠であると言える。

※引用文については，読みやすさを考え一部現代かなづかいに表記を改めた箇所があります。

参考文献

石月静恵『戦間期の女性運動』東方出版，1996年

千野陽一『近代日本婦人教育史──体制内婦人団体の形成過程を中心に』ドメス出版，1979年

渡邊洋子『近代日本女子社会教育成立史──処女会の全国組織化と指導思想』明石書店，1997年

8 │ 総動員体制下の青年教育

│ 矢口徹也

　1931（昭和6）年の満洲事変，1937年の日中戦争，さらに1941年の太平洋戦争から敗戦に至る1945年までは15年戦争と呼ばれる。この期間の青少年教育では，それまで以上に総力戦への協力，動員が求められた。本章では，1．戦時下の勤労青年制度である青年学校，企業内青年学校，2．中国東北部への入植事業として実施された満蒙開拓青少年義勇軍，3．本土空襲と学童疎開，さらに，4．連合国軍の本土上陸作戦を想定した青少年による学徒隊構想について述べたい。

《**学習の目標**》　総力戦体制の下での青少年教育の実態について理解し，その体制の第二次世界大戦後の教育への影響についても考える。

《**キーワード**》　実業補習学校，壮丁準備，満蒙開拓青少年義勇軍，学童疎開，日本青年館，学徒隊

1．青年学校（実業補習と壮丁準備）

青年学校の成立

　第2章で述べたように，1893（明治26）年，小学校教育の補習と職業に関する知識技能を目的とした実業補習学校規定が定められた。実業補習学校は，年限3年以内，日曜・夜間・季節の授業形態が認められ，明治末からは地方改良運動，青年団体と結びついて量的に拡大した。第一次世界大戦後の1920（大正9）年，実業補習学校の教員は準中学校教員という待遇向上が図られた。学校の目的も従来の「補習」から「職業教育」と「公民教育」とに置きかえられた。教育課程の充実と教授時数の

標準が定められて，専任教員養成のための実業補習学校教員養成所令が公布された。しかし，実業補習学校は地域の小学校に併設されたものが多く，実際には，地方部での農業の補習が中心となり，都市部での商工業勤労青少年の就学率向上が課題となった。

　1926（大正15）年，16歳から20歳までの男子青年に軍事的訓練を行うための青年訓練所令が制定された。1929（昭和4）年に文部省に社会教育局が新設されると，実業補習教育と壮丁準備教育（兵役のための教育）を担う実業補習学校と青年訓練所は，社会教育局青年教育課の主管となった。

写真8-1　滋賀県の青年学校での行軍訓練 1940年頃（竹村秀夫氏所蔵）

　青年訓練所の設置目的のひとつは，多くの若者が学校卒業後，20歳の徴兵の時期までに間隔があったために，この期間に組織的な教育を行うことであった。実業補習学校と青年訓練所とは，それぞれ特質を有する教育機関として並び立っていたが，いずれも小学校卒業後に実務にたず

される若者を対象とするものであり，両者を統合する案が生まれた。その結果，1935（昭和10）年に青年学校令が公布されて，尋常小学校卒業後に男子は7年以上，女子は5年以上教育を受ける制度となった。青年学校は文部省の所管する学校となったが，その運営には軍部が関与して教育に関する発言を行うことになった。

写真8-2　山形県南沼原女子青年学校　1941年山形県（鈴木恒男氏所蔵）

都市部青年学校の動き

　1935年以降の青年学校は中等教育機関に進学しない若者の統一的な教育機関となった。1939（昭和14）年には，青年学校の男子義務制が実施され，女子は義務制とはならなかったが，女子向けの家事科，裁縫科の整備が図られた。全国の各小学校に青年学校の併設が進められたが，それでも都市部では，就学率の向上には困難がともなった。当時の学校長（東京府麻布区　笄<ruby>こうがい</ruby>青年学校）の証言を紹介しておきたい。

毎年，四月になると，我等の青年学校は，警察の戸口調査や町会隣組の手を煩わして，苦心の末にかき集めた生徒の入学を迎える。言ふ迄もなく大都市青年学校に就学する生徒の七割方は地方出身の青年なので，義務就学制になったとはいへ，就学該当者の大半は，何処に潜んでいるか実際に於ては見当がつかぬ状態である。都市に於ては施行規則第二十三条以下に示された義務就学者名簿の作成及不断の整理が完全に行はれている役所は少なく，又義務を課せられたる保護者の理解も乏しい為其処に生ずる不都合も多く，従って区役所からの就学通知書一本で学級編成の出来る国民学校や，農村の青年学校とは異なった苦労が其処にあるのだ。

（今田定雄「都市住宅地域と青年学校経営の特異性」『青年』日本青年館，1940年12月号）

公立青年学校の増設に加え，企業内にも私立青年学校が設置された。東京府下で開校された私立青年学校の一部を下記に示しておきたい。

・［京橋区（現. 中央区南部）］　松屋青年学校，東京高島屋青年学校，石川島造船所青年学校，松屋実践裁縫女学校，草川和服裁縫女学校，明治女子青年学校，杉江和服裁縫女学校
・［品川区］　日本光学青年学校，高砂鐵工青年学校，日立大井青年学校，三菱東京機器大井青年学校，牟田青年学校，宇都宮製作所青年学校，芝浦マツダ青年学校，鐘紡大井青年学校，佐藤製薬青年学校，日精大崎工場青年学校，中島電機青年学校，田野井製作所青年学校，日本特殊工業青年学校，東京東洋製罐青年学校，藤倉工業青年学校，大川青年学校，フシマン青年学校

　以上のように，当時の勤労青年の勤務先である企業の事務所，工場，百貨店等に青年学校を隈なく設置していたことがわかる。総力戦体制下で職業教育の拡充，兵役準備を目的に増設された青年学校は，専任教員，施設，設備ともに不十分な教育機関であった。

　一方で，その義務教育としての青年学校の設置は，国民学校高等科とともに，戦後の新制中学の設立の基盤として捉えることも出来る。また，企業内青年学校の教育体制は戦後の企業内教育に貢献している，という指摘もある。

2.　満蒙開拓青少年義勇軍

　満蒙開拓青少年義勇軍とは，日中戦争中に国内の青少年を中国東北部「満洲国」に開拓移民として送り出した制度である。1938年（昭和13年）から1945年までの間に8万6,000人の青少年が従軍し，過酷な現地の生活環境と大戦終末期のソビエト参戦，シベリア抑留等の影響から多くの青少年が未帰還者となった。

　昭和初期，1929（昭和4）年の経済恐慌は，世界規模での購買力の低下をもたらし，国内の米価，繭価も暴落した。地方農村部，とくに養蚕農家は多額の負債を抱え，人身売買による借金の補てん，欠食児童救済が課題となった。その後，東北地方ではしばしば凶作が続いた。

　日本政府は，国内では農民の「自力更生」によって経済復興を図る一方で，その活路を軍事的な戦略に求めた。1931（昭和6）年の満洲事変以降，中国東北部は「日本の生命線」と位置付けられ，軍備増強と農産物増産政策が進められていた。満洲移民政策は，国内の農村更生と満洲統治のための治安維持という両面から計画された。1936（昭和11）年，広田内閣は向う20年間での百万戸入植政策を発表し，1937年の日中開戦以降は，従来の開拓移民に加えて青少年を対象とした移民計画が具体化

された。

　青少年が注目されたのは，それまでの開拓移民団の中心となった成人男性が，現地で軍隊に召集されるため，壮年の開拓民では短期間での大量移住が困難という判断にあった。心身健康で可塑性のある青少年を送り，「理想的な建国農民」を育成することが目的であった。

　関東軍は満洲国政府，拓務省，満洲拓殖株式会社，南満洲鉄道株式会社，満洲移住協会等の関係者を集めて，青少年による満洲開拓の可能性と具体的方法とを討議した。その具体的な募集対象として想定されたのは，疲弊した農村の青少年たちであった。各都道府県で選抜された青少年は中隊に組織され，加藤完治が所長を務めた満蒙開拓青少年義勇軍訓練所（茨城県内原訓練所）で３か月の基礎訓練を受けた後，満洲国の現地訓練所で３か年の訓練を経て各地に入植した。

写真 8 - 3　　満蒙開拓青少年義勇軍出発前の神社参拝　1942年山形県上山町にて
（鈴木恒男氏所蔵）

　青少年義勇軍に入隊したのは各地の高等小学校等の卒業生であり，拓

務省から各道府県への募集割り当て数が決められ，さらに各学校では目標数が設定されて担当教師から子どもたちへの働きかけが行われた。青少年義勇軍において学校教育の果たした役割は大きかった。すでに，第二次世界大戦中まで，陸海軍関係の学校，少年飛行兵の養成機関等の少年男子のための進路があったが，満蒙開拓青少年義勇軍はそれに加わるものであった。戦後，教師の間で受け継がれてきた「教え子を再び戦場に送るな」は，教師たち自らの反省と戒めでもあった。

　また，後述するが，青少年の従軍体験，青少年義勇軍の経験は，戦後の若者自身による青少年教育の取り組みにも反映されていった。

3. 学童疎開

　学童疎開とは，第二次世界大戦中に戦禍を避けるために子どもたちを都市部から農村部に移動させたことであり，戦争末期を中心に縁故疎開，さらに学校単位での集団疎開が行われた。

　学童疎開は第一次世界大戦時からの世界的な施策であり，第二次世界大戦開戦直後のイギリスでは，ロンドン，マンチェスター，リバプールなどの都市とその周辺に住む学童が百万人単位で疎開した。行き先は国内北部のスコットランドが中心であったが，一部はアメリカ，イギリス連邦自治領もその対象であった。1940年7月にドイツ軍の空爆が深刻化するとカナダ，オーストラリア，南アフリカなどに学童を集団疎開させる計画が進められ，カナダに向かっていた疎開船「シティ・オブ・ベナレス」がドイツ潜水艦に撃沈されて，多くの乗船児童が犠牲となった。

　日本における学童疎開は，1944年，45年に実施された。アメリカ軍の本土爆撃を想定して，都市部の国民学校初等科学童を縁故・集団的な形で地方に一時移住させた。（1941年3月，皇国民教育の徹底のため小学校は国民学校に改称された。尋常小学校を国民学校初等科（修業年限6

年），高等小学校を国民学校高等科（修業年限2年間）に改めた）。

　日本の学童疎開の歴史的経緯を概観すると，まず，1943（昭和18）年9月の閣議で官庁関係の建物疎開の率先実行が決まり，翌44年1月に建物の強制疎開実施が告示され，住民の縁故疎開が奨励された。しかし，この時期の政府は学童疎開には消極的であった。それは，学童疎開政策が戦局の悪化を肯定し，国民の士気の低下につながること，また，家族を中心とした社会秩序の崩壊への危惧があったと言われている。また，1939年から行われていたイギリスの学童疎開（一般家庭宿泊の原則）では，縁故のない都市住民児童の宿泊先決定に際して，現地での選別，差別が問題化し，児童虐待事例の多発が伝えられていたからでもあった。

　しかし，1944年6月にアメリカ軍がサイパン島に上陸し，占領すると，内閣は同島からの空襲に備えて「学童疎開促進要綱」を閣議決定した。対象は東京，横浜，川崎，横須賀，大阪，神戸，尼崎，名古屋，門司，小倉，戸畑，若松，八幡の13都市であった。対象は国民学校初等科3年から6年の学童全員を基本としたものであった。さらに，1945年3月，アメリカ軍による東京都下町地区への無差別絨毯爆撃を経て，同月，「学童疎開強化要綱」が決定され，国民学校初等科1・2年生を含めた「根こそぎ疎開」が実施された。1945年4月には，京都，舞鶴，広島，呉が追加指定されている。

　東京都の場合，1944（昭和19）年3月，東京都では教育局長から各区長あてに「学童疎開奨励に関する件」を通達して，縁故疎開を奨励し，それが出来ない学童を対象に都内郡部・近県の都施設を利用した戦時疎開学園の設置を計画した。同年7月に「帝都学童集団疎開実施要領・同細目」を決定し，東京都学童疎開本部を設置して予算編成・輸送計画を立てて35各区役所に伝達した。疎開先は，都下三多摩の他，千葉・埼玉・茨城・群馬・栃木・山梨・福島・宮城・山形・新潟・長野・静岡の12県

（8月，富山が加えられ13県）であり，国民学校初等科対象児童（3年から6年）のうち，集団疎開のための約20万人の収容が割り当てられている。同年7月から9月の3か月間に一次疎開学童23万人が，疎開地へと移動した。都内の各地では，国民学校校庭に集合し，親と別れ，最寄りの駅から出発する光景が展開された（第一次疎開）。翌1945年3月初旬に卒業式のために6年生が帰京し，4月には新3年以下の第二次集団疎開が行われた。（東京府は，1943年7月の都制施行により東京都に改組された）。

　1945年5月以降は，空襲の激化と本土決戦のための再疎開が実施され，太平洋沿岸地区から内陸地区に，地方主要都市から郡部へ，さらに疎開先に秋田，岩手，青森が加えられた。

　集団疎開の場合，都市部の子どもたちは，親と別れて疎開地の寺院，旅館等での集団生活を送ったが，孤独感に加えて，飢餓，いじめを体験することも少なくなかった。疎開の前提であった都市部に対する爆撃は1944年11月から本格化し，1945年3月10日の「下町」空襲では死者11万5千人，負傷者15万人，総被災者は310万人と推計されている。死者の中には，3月の卒業式のために疎開先から帰京した6年生も含まれていた。また，1944年8月沖縄からの疎開児童を乗せた対馬丸はアメリカ軍潜水艦の攻撃で沈没し，779名の子どもたちが犠牲になった。

　疎開先で空襲の難は逃れ戦後に自宅に戻ると，父親が戦死，家族が空襲で亡くなって戦災孤児となり，その結果，地下通路，ガード下で生活する「浮浪児」の救済が戦後の問題となった。

＊学童疎開を題材にした『少年時代』（1990年，篠田正浩監督）という映画がある。柏原兵三の小説『長い道』をもとにした藤子不二雄Ⓐの連載漫画『少年時代』がその原作である。疎開生活に加えて，当時の学校

と子ども集団の姿がていねいに描かれている。同作は，富山県出身である藤子たちの経験をふまえたものでもあり，子ども集団の姿は，多くの藤子アニメと共通する部分がある。高田敏子『ガラスのうさぎ』（1979年），中沢啓治『はだしのゲン』（1983年）もDVD化されている。戦時下の子どもを描いた作品として紹介しておきたい。

4. 本土決戦と学徒隊支援本部

第2章で述べたように，1925（大正14）年に大日本連合青年団が結成され，同年には，神宮外苑に青年施設として日本青年館が開館した。大日本連合青年団は全国青年団への連絡，指導機関としての役割を果たしていたが，総力戦体制が進む1939（昭和14）年4月より統制団体としての大日本青年団に改編され，さらに1941（昭和16）年に全国の少年団体と合併する形で大日本青少年団になり，国内の翼賛体制を担うことになった。

1943（昭和18）年，戦局が悪化して文科系大学生等への徴兵猶予措置が廃止され，在学中での入営が決定された際，明治神宮外苑競技場（現在の国立競技場）では出陣学徒壮行会が行われた。大正期にスポーツ，

写真8-4　『青年』昭和18年4月号，表紙に「たった今笑って散った友もある」の標語が掲載されている（日本青年館所蔵）

文化の杜として整備された神宮外苑は総力戦を象徴する場となった。

　1945（昭和20）年3月，「決戦教育措置要綱」が閣議決定されると，学生・生徒は食糧増産，軍需生産，防空防衛，重要研究などの業務に総動員され，国民学校初等科以外の授業は原則停止されることになった。同年5月には「戦時教育令」が出され，学校単位での教職員と学生・生徒による学徒隊の結成準備が進められた。すでに沖縄では，中学校男子生徒が鉄血勤皇隊，通信隊として組織され，高等女学校，師範学校の女子生徒は看護助手としてともに最前線に動員された。

　6月15日，大日本青少年団は本土決戦体制のために解散し，各地方青年団も6月末までの解散命令が出されて学徒隊への再編が進められた。本土決戦に備えて，皇室，政府機関は長野県松代大本営への移転が準備され，小石川・目白台地の東京女子高等師範学校附属小学校（現．お茶の水女子大学附属小学校）の地下壕に文部省東京支部と全国学徒隊本部が設置された。日本青年館は全国の学徒隊援護本部となった。学校教育は総力戦体制の中に位置づけられ，青少年団体も本土決戦のための組織に再編された。

　第2章で取り上げた田澤義鋪は1944年3月，出張先の香川県善通寺で倒れて亡くなった。日本の敗戦を予言し，戦後の平和を祈念する講演の後の急逝だった。田澤の構想による日本青年館は戦時協力の一方で，戦時下においても多様な教育活動を試みていた。

　例えばソビエト教育学の矢川徳光は，大日本青少年団教養部長を務めながら生活記録報道運動を担当していた。この運動は勤労青年の統制運動とされていたが，戦後の社会教育，生活記録への影響は大きい。日本青年館で行われていた生活記録報道運動の研究会には，矢川の他，百田宗治，国分一太郎，城戸幡太郎，上泉秀信，谷野せつ，金子てい，が参加している。戦後，矢川，百田，国分，城戸は生活記録運動でイニシア

ティブを発揮し，谷野は労働省で婦人少年局長，金子は文部省社会教育局の婦人教育課長に就任し，戦後の青少年教育，女性教育の支援者となった。

おわりに

　本章では，昭和初期からの満洲事変，日中戦争，太平洋戦争とその敗戦に至る15年戦争の事例として，青年学校，満蒙開拓青少年義勇軍，学童疎開，学徒隊構想を取り上げた。当時の青少年教育の実態，子ども，若者の生活がいかなるものであったか，多数の記録，証言，ビデオ等を活用しながら考えていただきたい。

　敗戦後，日本青年館本館は連合国軍宿舎として接収されて小金井の浴恩館に事務局を移転した。日本青年館にあった大日本青少年団，学徒隊のための全国連絡網は，戦後，新日本建設の教育方針，「民主主義教育」の普及のために活用されていった。戦前，戦後の青少年教育は日本青年館において連続していった，と捉えることも出来る。

参考文献

飯島篤信，磯野昌蔵「勤労青年教育」海後宗臣監修『日本近代教育史事典』平凡社，1971年

寺崎昌夫・戦時下教育研究会『総力戦体制と教育』東京大学出版会，1987年

上笙一郎『満蒙開拓青少年義勇軍』中央公論社，1973年

貴志俊彦・松重充浩・松村史紀編『二〇世紀満洲歴史事典』吉川弘文館，2012年

全国疎開学童連絡協議会『21世紀へ語り語り継ぐ学童疎開』2000年

全国疎開学童連絡協議会『学童疎開の記録』（全五巻）大空社，1994年

逸見勝亮『学童集団疎開史──子どもたちの戦闘配置』大月書店，1998年

『大日本青少年団史』日本青年館，1970年

『財団法人日本青年館七十年史』日本青年館，1991年

9 │ 戦後社会教育と青年団，婦人会

矢口徹也

　戦後の社会教育は，戦前の教化総動員体制を否定し，地域住民の自主性を尊重して施設中心で進められていくことになった。しかし，実際の活動の中心となったのは青年団と婦人会であった。本章では，1．戦後青年団の再結成にむけた日本青年館の役割，2．新しい教育方法の普及を目的としたIFEL講習と公民館の設置，その上で，3．地域の婦人会と青年団の活動について山形県の事例を取り上げて，述べていきたい。

《**学習の目標**》　戦後初期の地域の青年団，婦人会活動を事例として戦後社会教育の役割について具体的に理解する。

《**キーワード**》　社会教育法，公民館，IFEL，公明選挙，産業開発青年隊，青年海外協力隊，共同学習

1．戦後青年団の再結成と日本青年館

　敗戦後の日本各地には，戦場から，都市から多くの青少年が戻ってきた。虚脱と不安の一方で，彼，彼女たちのこれからの職業，また，中断されたままの教育機会が課題となった。本土決戦のために解散されていた青年団の再結成が進んだ。

　日本青年館は，戦後の青少年教育の出発にも重要な役割を果たした。第8章で述べたように，日本青年館は，本土決戦を想定した学徒隊支援本部の役割を担い，1945年8月7日には，各都道府県に学徒隊への連絡を目的とした日本青年館支部の設置が準備された。ところが，その8日後の15日に「終戦の詔勅」，8月26日に文部省「新日本建設の教育方針」

（新聞発表は9月15日）が発表されると，日本青年館理事長の朝比奈策太郎は地方長官宛に，日本青年館支部を新日本建設の教育方針に従って活用することを通知した（各道府県支部長，副支部長の多くはそれぞれ各県内務部長，社会教育担当課長）。

「新日本建設の教育方針」の中で，新しい青少年団体は「従来のごとき強権に依る中央の統制に基く団体たらしめず—中略—郷土を中心とする青少年の自発能動，共励切磋の団体」と説明された。さらに，「青少年団体の設置並びに育成に関する件」（9月25日）の中で，青少年団体の目的は，「国体護持の精神の昂揚」，「町村自治の振興に寄与すべき基礎的訓練」とされた。

敗戦前後の数か月の間に，青少年教育に関する政府の方針は一変して自主的な団体活動を奨励した。一方で，天皇を中心とした国家体制の維持と地域振興における青少年への期待は継続することになった。連合国軍の国内進駐と占領体制が進む中で，政府からの直接の指示は控えられることになり，その分，「財団法人」としての日本青年館は，その支部体制を通じて戦後青少年教育の整備を担うことになった。

9月14日の日本青年館理事会では，連合国軍宿舎としての本館接収，大日本青少年団の事業・財産引き継ぎについて協議され，事務所機能を東京都小金井の分館（浴恩館）に移して地方支部への連絡が行われることになった。同年12月に行われた支部連絡会には，37都道府県支部事務主任者，さらに，文部省社会教育局長，社会教育課長，公民教育課長，学校教育局学校教育課長，大蔵省国民貯蓄課長，軍事保護院総裁，厚生省保健課長，日本樹實組合理事長が出席した。「宮城揺拝」に始まった同会議では，支部設置の状況，青少年団体の結成と育成，復員者保護，戦没者遺族支援，食料増産，貯蓄奨励等が協議されている。

日本青年館と支部活動については，「青少年団体に対する一般の関

心・輿論等」，「公民教育」，「農業会及その他の団体との連絡」，「供米・石炭増産その他応急運動対策」，「文書教育」，「貯蓄運動」等，教育に加えて，生産，文化活動全般への対応が求められていた。関係省庁の課題を踏まえた協議が行われ，そのための青年団の再結成と組織化が進められることになった。

　日本青年館支部連絡会議は翌1946（昭和21）年2月にも開催された。この日は，評議委員会も開催され，支部の責任者は評議員になった。これはCIE（民間情報教育局）の方針であった「方法，手続き，プロセスこそが民主主義の是非を問う原則」を考慮したものであり，全国の代表者による組織の意思決定の形式を整えたものであった。2月の支部連絡会議（＝評議員会）の協議事項は以下のとおりであった。

　　①民主主義普及に関する件
　　②食料等増産運動に関する件
　　③文化運動の展開に関する件
　　④組織強化に関する件
　　⑤需品取次に関する件
　　⑥飛行機献納金処理に関する件

　①は，民主主義普及のために公民教育が提起され，民主主義を実際に理解するために青少年団体幹部のアメリカ派遣が検討された。②食料増産のための生産活動については，戦前，田澤義鋪の提唱した「一人一研究並協力活動」を行うことになった。③文化運動に関しては，「思想対策」，素人演劇の内容に対する危惧から，郷土芸能，伝統文化に関する研究組織が提案された。④の組織強化については，青年団指導と組織化活動への協力が確認された。⑤は，戦前からの青年団関連需品であり，

⑥は戦時中に軍部に飛行機を献納するための募金処理に関するものである。

　1946年1月1日には,「天皇人間宣言」が発表され,この年の4月10日には20歳以上の男女による戦後第1回の総選挙が行われた。占領下での不安と混乱の中で,地域復興,食糧増産を担うことが地域青年団に期待され,その再結成が進められた。しかし,GHQ,CIEの担当者は,青年団体,婦人団体は戦前の軍国主義,超国家主義の温床になったものと考えて,その存続には否定的な意見が多かった。その結果,青年団,婦人会などの社会教育活動での民主的な活動方法が課題となった。

　次項では,戦後社会教育の課題に応えるべく導入された公民館構想,教育指導者講習会 IFEL（アイフェル）について述べてみたい。

2. 公民館構想と IFEL

公民館構想

　公民館は,「住民のために,実際生活に即する教育,学術および文化に関する各種の事業を行い,もって住民の教養の向上,健康の増進,情操の純化を図り,生活文化の振興,社会福祉の増進に寄与することを目的とする」（社会教育法第20条）施設である。現在,「生涯学習センター」,「地域交流センター」などの類似施設も含めると,全国に1万4,281設置され,地域住民にとって身近な学習拠点,交流の場となっている。

　この公民館は,戦前の社会教育が団体を通した統制が行われた反省から,住民が自主的に教育活動を行うための施設として構想された。1946（昭和21）年7月に「公民館設置運営について」（文部次官通牒）が発表され,公民館の趣旨,具体的な設置,運営方法が明らかにされた。3年後の1949（昭和24）年に公布された社会教育法は,「公民館法」とも呼ばれ,公民館を拠点とした社会教育の環境整備を目指すものであった。

　「青空公民館」「看板公民館」と言われた不十分な形態も含めると社会教育法公布の時点で，4,000余の公民館が設置され，市町村の地域復興を示すものであった。

　戦後の公民館は，公民教育課長の寺中作雄の構想であるが，戦前の文部省の成人教育課長，松尾友雄による「社会教育館」構想の影響も指摘されている。なお，公民館の名称としては，1941年（昭和16年）に建設された岩手県水沢市の「後藤伯記念水沢公民館」がある。

　水沢市は，南満洲鉄道初代総裁，逓信大臣，内務大臣，外務大臣を務めた後藤新平の故郷である。後藤は，東京市長として関東大震災後の帝都復興を担い，少年団（ボーイスカウト）日本連盟初代総長でもあった。後藤は内務大臣時代に部下だった正力松太郎の読売新聞経営を支援した。正力が後藤の没後に，水沢町に寄贈したのがこの施設である。現在は，後藤伯記念公民館と改称され，隣接して後藤新平記念館がある。

IFEL

　公民館が戦後社会教育のための施設であるとすれば，戦後社会教育の方法の普及に影響を与えたのは IFEL 講習であった。

　IFEL（The Institute For Educational Leadership）は，CIE と文部省の共催で1948（昭和23）年から開催された。IFEL は「教育長等指導者講習会」と訳され，アメリカの教育者，団体指導者が来日し，日本側の教育関係者と協力してグループワークを中心とした講習が行われた。1948年9月から1952年3月まで東京，東北，京都，九州，広島の大学を会場に開催され，当初は教育委員会の新設のために教育長，教育行政指導者に専門的訓練を行うことを主目的としていたが，やがて大学行政官，教員養成系大学の教授，付属学校教職員，小中学校長等，さらに社会教育関係団体の指導者に対象を拡大した。例えば，「新しい教育職のため

に」というコースでは，教育長関係1,123名，小学校指導主事1,011名，中等学校指導主事866名が受講し，社会教育関係では，「青少年指導コース」1,928名，「成人教育コース」を100名が受講した。その受講者は勤務する地域，職場でIFELの内容と方法の普及に努めることになった。

　IFELでは，自己紹介に始まり，グループでディスカッション，調査活動を進め，それを発表（プレゼンテーション），評価（エバリュエーション）し，交流のためにフォークダンスを含むレクリエーションが行われ，一部で，「ションション講習会」などと揶揄されながらも，戦後日本の学校教育，社会教育に多大な影響を与える機会になった。

　ここで，公民館の設置，IFELが実施された日本の教育の状況について補足しておきたい。1947（昭和22）年，日本国憲法の下で教育基本法体制が発足した。学校制度は小学校6年，新制中学3年の義務教育と新制高等学校3年，大学4年の単線型学校体系に改められた。しかし，戦後しばらくは高校進学率が低く，定時制高校の整備に限界があった。そのために戦争と動員で教育機会を失った地域の勤労青年の教育機会の拡充が切実な課題となっていた。

　この時期は，第二次世界大戦後のアメリカ中心の資本主義諸国とソビエト中心の社会主義諸国との対立（米ソ冷戦）が深刻化した。その動きは，日本の政党政治，さらに教育にも影響を与えることになった。

　本章では，公民館を取り上げたが，戦後，社会教育法に位置づけられた施設として図書館，博物館がある。占領期の「第一次米国教育使節団報告書」で図書館，博物館の役割が強調され，図書館については，保存，管理に加えて利用者へのサービスが重視されるようになった。博物館学芸員，図書館司書という専門職制の確立が進められた。

3. 地域の青年団と婦人会

　戦後の青年団，婦人会の実際の活動について，山形県の事例を取り上げて述べたい。

山形県青年団と寒河江善秋

　日本の国際協力を代表する青年海外協力隊は，青年団活動の経験から生まれたものである。青年海外協力隊の産みの親のひとりと言われる寒河江善秋について述べてみたい。

　寒河江善秋は1920（大正9）年9月3日，吉島村（現川西町）で生まれた。寒河江の青少年時代は，世界恐慌の時代で，県内の半数を占めた養蚕農家は深刻な打撃を受けた。東北地方では冷害も続き，欠食児童救済のために全国初の学校給食が準備され，娘の身売りも問題になった時代だった。農家の次男だった寒河江は，農学校卒業後に満洲拓殖公社に入社し，満蒙開拓青少年義勇軍の訓練を担当した。

　寒河江が訓練を担当した青少年たちは国内で役場や教師から勧められて応募し，広い農地を得て，「五族協和」と「王道楽土」を建設出来ると信じていたが，実際の生活は苛酷なものだった。冬は零下30度を下回り，夏はアメーバ赤痢に悩まされ，入植地では，抗日パルチザンとの戦闘もあった。精神的に病んで脱落する青少年も多かった。寒河江の現地での最初の仕事も，アメーバ赤痢で死んだ少年たちの火葬だった。入植地の多くはソ連との国境地帯にあり，戦病死したものも多かった。寒河江は，弟のような青少年が，傷つき，倒れていく姿に直面した。

　寒河江は，その後，兵役に就き，豊橋の陸軍予備士官学校に入学を経て，中国大陸，フィリピン，さらに赤道直下のハルマヘラ島を転戦した。1946（昭和21）年6月，吉島村に復員して，兄のサイパンでの戦死を聞

き，彼もマラリアの後遺症に苦しむ日々が続いた。

　体力が回復すると，農業会東置賜支部に勤務し，村の青年団に入会した。当時の青年団員には，「レジスタンス」という言葉が流行っていた。戦前，青少年たちを青少年義勇軍，兵役へ歓呼で送り出した大人たちが，敗戦後，豹変して平和と民主主義を唱えていることへの強い不信感と反発があった。寒河江は村の青年団長として村長，校長，農業会への徹底批判を続け，農業会を退職して山形県連合青年団の事務局長となった。

　山形県連合青年団では，三つの課題に取り組んでいた。まず，勤労青少年教育の問題である。戦後，新しい学校制度が発足したが，戦争で学ぶ機会を失った青少年も多く，高校に進学出来る者は僅かだった。働く青年団員のための教育の場を考える必要があった。次に，青年団独自の教育施設の建設だった。青年団員が交流し，自分たちで教育活動を行う施設の建設が構想された。さらに，農家の二，三男対策があった。戦後も，農家の跡取りは長男が原則で，就業，結婚など人生の先行きが見えない青少年の問題は続いていた。彼らの自立のための職業訓練と技術取得が検討された。

　県の青年団員の多くは，戦場から復員し，あるいは都市部から帰郷した若者であり，県庁，教育委員会，占領軍の山形軍政部ともしばしば対立した。しかし，その一方で，働く若者のための青年学級の開設を準備し，青年会館を建設した。また，農家の二，三男を対象とした産業開発青年運動，また，青年会館，地域公民館の開設に取り組んでいった。新しい活動を進める中で，青年団員の間に新たに，「自己確立」という言葉が流行るようになった。敗戦後，一度は失いかけた自分を活動の中で取り戻して行く意味だった。

　青年学級は，1948（昭和23）年から山形県の公民館で開設された勤労青年のための教育活動であり，その後，全国的な開設が進んだ。産業開

発青年運動は，農家の二，三男が公共事業に従事しながら建設機械等の
免許を取得し，同時に，話し合い活動，生活記録を通じて仲間づくりを
行う活動だった。これも，建設省，農林省の支援による全国的な事業と
なった。産業開発青年隊の経験は，高度経済成長期以降，日本の若者の
平和的な国際交流と海外貢献を目的とした海外青年協力隊にも結びつい
ていった。

　寒河江は自らの戦中，戦後の経験から「青年はいつも動員される。動
員されないためには，青年が自ら思惟する存在になるしかない」と述べ
ていた。そのための実践的で，幅広い視野を身につけていく活動が，青
年団活動であり，産業開発運動，青年海外協力隊であった。

山形県婦人連盟と三浦コト

　日本の婦人会組織は，1901（明治34）年に愛国婦人会，1931（昭和6）
年に文部省による大日本連合婦人会，1932（昭和7）年に陸海軍主導の
大日本国防婦人会が結成されていた。この3団体は1940（昭和15）年に

写真9-1　**選挙啓発運動のために集まった山形県連合青年団，婦人連盟の執
　　　　行部**（山形県連合青年団OB会）
（前列左から5番目が三浦コト，6番目が高桑喜之助団長，後列の右から5番
目が寒河江善秋，左端が本田健輔，1952年，山形県青年会館）

大日本婦人会に統合され，1945（昭和20）年6月には解散して国民義勇隊に編入されていた。

　敗戦後，全国の都道府県で婦人会再結成の動きがあったが，多くの道府県婦人会は，結成直後に解散している。GHQのCIEは，青年団と同様に地域婦人会を軍国主義の温床と考えて否定的に捉え，地方行政の関係者も「自己規制」から解散勧告を出していた。その中で，存続した山形県婦人連盟は特異な例であり，山形県連合青年団と連携しながら独自の社会教育活動を進めていった。ここでは，戦後初期に山形県婦人連盟理事長を務めた三浦コトを取り上げて述べていきたい。

　三浦コトは，1903（明治36）年，山形市に商家三浦屋の長女として生まれた。県立山形高等女学校（現．山形西高）在学中に三浦屋本家（現．山形銀行）の養女となった。女学校に通学しながら家業を手伝い，卒業後は養父となった三浦新七が東京商大（現．一橋大学）の教授，さらに学長を併任したことから，本家経営の多くを担うようになっていった。戦時中は，家業の縮小，使用人たちの兵役，徴用，山形連隊への本部宿舎提供への対応を行い，大日本婦人会の役員も務めた。戦時下での産科充実のための済世会診療所（現山形済生病院）の開設準備も担っている。

　1945（昭和20）年8月の敗戦直後，山形県では婦人会関係者による協議が行われた。9月13日に山形県婦人連盟を結成し，椎野詮理事長（当時米沢家政女学校長），三浦コト理事長代行による運営が始められた。山形県では，戦没者4万余人，未帰還者，復員者12万人以上，外地引揚者5万人，これに都市からの帰郷者が加わった。衣食住の絶対量不足と治安面の不安が広がり，市役所は米軍進駐を前に女性と子どもの再疎開を計画し，警察署からは進駐地付近での住民心得が配布された。婦人連盟では「女さえしっかりして結束すればどんな事でもできる。これから

は婦人が立ち上がって新しい国をつくらねばならぬ」との決意が述べられている。

婦人連盟には，敗戦直後，文部省から国体護持，婦徳涵養の指示があり，進駐した山形県軍政部からは団体解散の圧力を受けた。理事長代行のコトは軍政部から呼び出されて詰問され，婦人会の役割を説明している。婦人連盟は，組織の存続を説明しながら，女性の文化講座の開設，さらに文化学院を山形，鶴岡，米沢，新庄で開設し，戦後の未婚，既婚女性の教育機会の拡充を図った。

戦後の社会教育関係団体の課題は自主財政の確立にあった。GHQ のCIE は，日本の団体が政府から補助金を受けて統制されやすい点を批判していた。山形県婦人連盟ではそれをいち早く理解し，会費納入制度と厳格な経理，さらにその公開を行った。急速なインフレで資金不足となると，婦人会で材料を集め，業者に委託して下駄，石鹸，家庭綿，木炭を生産，販売した。「物売り婦人会」と揶揄されたが，物資不足の中で物は飛ぶように売れ，行政から独立した財政を確保した。

1947（昭和22）年，44歳の三浦コトは新理事長になると，同年4月の統一地方選挙で，婦人連盟から県内全市町村での独自候補の擁立を行った。婦人会では，すでに女性の棄権防止活動を行っていたが，さらに進んだ決断となった。女性の立候補への地域での圧力には，連盟本部から激励電報を送って励まし，県内で40名の女性市町村議員が誕生した。

県軍政部とは緊張した関係が続いていたが，アメリカ人女性担当者との交流を通じて女性相互の共感も生まれ始めていた。やがて，米ソ冷戦が進み，占領政策が転換されると，山形県軍政部側も婦人連盟を否定出来ず，むしろ連携を模索することになった。女性の教育機会を拡大し，自主財政を確立し，女性参政権充実に取り組む婦人連盟は，占領軍にとって無視できない「民意」に成長していたからである。

選挙啓発活動と共同学習

　山形県の青年団，婦人会は選挙啓発活動にも取り組んだ。最初は，棄権防止，公明正大な選挙への呼びかけから始まった活動は，共同学習（小団学習）と呼ばれる話し合い学習を重視して進められることになった。その活動は，戦争中の総動員体制に対する反省から生まれ，自分たちが民主主義の担い手になる，という意志に支えられたものだった。共同学習は，地域の生活改善，働く青少年の教育，女性の地位向上のための社会教育活動となった。

　山形県では，1947（昭和22）年の統一地方選挙で，多くの青年団，婦人会員が市町村議員選挙に当選し，1948（昭和23）年の公選制教育委員選挙でも青年団，婦人会からの候補者が委員をつとめた。1950（昭和25）年の参議院議員選挙では，山形県青年団は勤労青少年教育，農村対策を公約とする議員を推薦して活動した。しかし，選挙の過程で，保守革新両関係者から様々な「圧力」を受け，公職選挙法の詳細を知らない青年団員が警察から事情聴取を受けることもあった。何より，地域の青年団体が政治に関わることへの地域社会からの反発も強かった。このような経緯から，山形県青年団では政治活動と距離をとり，自治体選挙でも中立を維持することになった。

　1952（昭和27）年，サンフランシスコ講和条約が発効して占領状態は終了した。しかし，同年の国政，自治体選挙では違反検挙者が続出して国民の間に政治不信が高まっていた。この事態に，東京では，前田多門を中心に公明選挙連盟が発足した。山形県の青年団，婦人会でも，選挙違反防止のための選挙浄化運動委員会を結成した。委員会では，選挙法研究会を開催して選挙に関する法的な理解を深め，県内で講演会，討論会，座談会を開催した。また，棄権防止，選挙違反の禁止を訴えるポスターを作成して貼付し，募集した標語を各家庭に配布した。婦人会も，

青年団も政治に不信感が強く，買収活動等への不正摘発隊を結成した。
　青年団，婦人会員は幔幕をはったトラックに乗って，県内をくまなく
遊説し，IFEL講習で学んだ政治風刺の寸劇を路上で上演すると，人々
が黒山のように集まった。山形県の選挙浄化運動（公明選挙）は熱気に
包まれて展開され，その結果，1952年の山形県の衆議院選挙投票率は
88.03％で全国1位となった。

写真9-2　山形県青年団の選挙啓発活動　1953年（社会福祉法人　山形県社
会福祉協議会）

　しかし，選挙で当選したのは，保守革新ともに前回同様の人物であり，
選挙違反者はむしろ増加した，という結果が伝わってきた。運動の熱気
が沈静化するにつれて，青年団，婦人会のメンバーは選挙啓発の意味に
ついて問い直し，日常的な政治教育と主権者教育の必要性を痛感するこ
とになった。
　選挙のための啓発活動の限界を感じた山形の青年団員，婦人会員たち
は「政治について賢くならなければならない。自からの人間改造が必要

だ」と考え，地域の中での学習活動を開始した。その方法は「エライ先生から一席講演をきくというような政治教育ではなく，毎日の生活の中に問題をみつけだし，みんなで話し合って，生活の希望を政治に実現する，政治とは生活だ」と考えた。

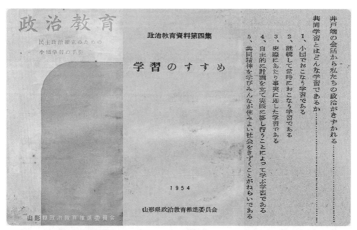

写真9-3　山形県青年団，婦人会『政治教育』『学習のすすめ』1953・1954年（山形県連合青年団OB会）

　山形県の選挙浄化推進委員会では，活動の中心を，街頭宣伝，啓発活動から小団学習に転換すること，また，小団学習を青年団，婦人会の日常的な活動として行うことにした。小団学習とは具体的テーマを決めた少人数での話し合いである。戦後の社会教育活動では，教師，指導者による講義方式に代わってグループ活動が普及しつつあった。青年団では，中学を卒業して働く若者が小団学習で仲間づくりを行い，婦人会でも生活改善や女性の地位向上について話し合い活動を進めてきた経験があった。この時期は全国的に町村合併問題が具体化し始めていた。町村合併という地域の生活につながる現実を題材に，山形県の青年団，婦人会は

小団学習に取り組むことになった。

「選挙のときだけどんなに声をからして叫んだとて何の役にもたたない。常時の政治学習が大切なのだ」，それが，山形県青年団，婦人会の選挙啓発運動を経た結論であった。

1953（昭和28）年，山形県選挙浄化推進委員会は政治教育推進委員会に改められ，『政治教育——民主政治確立のための小団学習の手引』が発行された。この学習は，同年末から共同学習と呼ばれ，戦後社会教育を代表する学習方法となった。さらに，地域で若者が協力して学んでいくかたちは，産業開発青年運動，青年海外協力隊でも生かされている。

おわりに

山形県の選挙啓発活動は，担い手が地域の青年団，婦人会であったために，若者の就労問題，女性の地位向上と結びついて進められ，その活動は主権者となるための共同学習という方式を生み出した。寒河江，三浦のみでなく，戦争を経験した山形の多くの女性と若者は，「教育」され，「動員」されることに警戒感を抱いていた。そのため，信頼できる仲間と地域の現実を見つめながら，学んでいくこと——共同学習を大切に考えるようになったのである。

参考文献

文部省編『学制百年史』帝国地方行政学会，1981年

文部科学省編『学制百二十年史』ぎょうせい，1992年

『財団法人日本青年館七十年史』日本青年館，1991年

『指導者講習小史』文部省，1953年

矢口徹也編著『山形県連合青年団史』萌文社，2004年

矢口徹也『戦後社会教育と選挙』成文堂，2011年

矢口徹也「やまがた再発見72三浦コト」『山形新聞』2011年11月6日

矢口徹也「やまがた再発見118寒河江善秋」『山形新聞』2012年9月23日

矢口徹也「第二次世界大戦後の選挙啓発活動」明るい選挙推進協会『Voter』58号，
　2020年10月

10 │ 社会教育の方法としての「共同学習」

矢口悦子

　第2次世界大戦後の社会教育において「共同学習」は隆盛を極め，数百万人ともいわれた青年たちや女性たちが取り組んでいた事実を取り上げ，そのような学習がどのような構造を持つものであったのか，学びの方法論という簡単な学習内容論だけではなく，学びの場を成り立たせていた諸要素についても明らかにしたい。そのことによって，人々の暮らしや社会状況に深く根差した共同学習が青年にとってどのような意味を持っていたかを確認する。そして，現代社会に生きる人々が主体的な価値創造に寄与する根源的な社会教育活動として，「共同学習」は現在なおその価値を保持し続けているのではないかということを示す。
《学習の目標》「共同学習」論がどのような社会背景の中で提唱されたかを理解することで，青年を取り巻く社会的な課題とその主体的な克服に向けた「共同学習」の意義を考える。
《キーワード》 青年教育，共同学習，グループワーク，吉田昇

1. 学習方法としての「共同学習」という用語

　「共同学習」という言葉は，21世紀に入り特別支援教育において「交流及び共同学習」として学習指導要領に位置づけられた。それ以降，急速に同領域における用語として使われる場面が多くなった[1]。学習指導要領のガイドブックには，「障害のある子供と障害のない子供，あるいは地域の障害のある人とが触れ合い，共に活動する交流及び共同学習」と記載されていることからも，共に学ぶという広義で用いられている。

1）2004年障害者基本法の改正により，それまでの「交流教育」が「交流及び共同学習」と表現され，2008年の学習指導要領より記載がなされている。

140

　しかしながら，日本における学習活動の歴史を振り返ってみると，「共同学習」は21世紀に登場したものではなく，100年以上の歴史を持っている。

　1920年代に刊行された師範学校での教育指導方法を講じた教科書の中には，「きょうどう」学習が複数説明されている[2]。例えば，吉田彌三郎は低学年の自由教育という項目で，小グループでの分別学習の後，学級全体で「協同学習」をすると述べている。また，女子師範学校での家庭科教育では，少人数での実習や実験を「協同学習」もしくは「共同学習」と表現していた。「共同」作業によって役割を分担しながら課題を達成する場面である。さらに，社会科においては，個人学習の課題である誤謬や主観性を克服するために「共同学習」が有効であると述べられている。同時に，「個人学習では人と共に感じ人と共に喜ぶと云うこと即ち感興を共にすると云うことが出来ないが共同学習では其れが充分出来る[3]」と，高く評価している。公民教育では，「学校における児童の自治は共同協同心に基づく協力によって，規律，秩序ある団体生活を意味している」とし，そうした児童たちの連帯による自治を身につけるための方法が「共同学習」であると述べられている[4]。これらの例から明らかなように，教師教育を目的として作成された教科書の中で，共同学習という言葉はしばしば用いられていた。

　実際，青年教育における「共同学習」を定式化したお茶の水女子大学教授の吉田昇（1916-1979）は，前身である東京女子高等師範学校の教員であったことから，こうした用例に接する機会があったものと考えられ，次のように述べている。

　「教師の指導のもとに，相互学習が行われる学校の中での共同学習とちがって，青年団の主張は全くの自主的なワクにはめられない学習を指

2）矢口悦子「共同学習の源流に関する検討——学校教育と社会教育の「共同学習」理解の違いに注目して——」『東洋大学文学部紀要　教育学科編』第68集，2015年。
3）椿井弘『国史学習の根本及びその実際』東洋図書株式会社，1924年，257頁。
4）山崎博『小学校に於ける公民教育の実際』明治図書，1933年，241頁。

していたのである[5）」。

　以上より，本章では第２次大戦後に広がりを見せた「共同学習」はそれ
までの学校教育における学習とは異なるとして，以下のように定義する。

　　日本の社会教育における固有の学習理論である。諸説あるが，一般
　　的な定義としては，少人数のグループによる話し合いを中心とした
　　学習方法論であり，対等な関係の中で，生活の実態から課題をみつ
　　け，メンバーが経験を踏まえた意見を出し合いながら解決のための
　　方法を考え実践に移す一連の学習活動である。もともとは青年の学
　　習や女性たちの小集団学習の方法として広がり，今日なお青年団活
　　動や女性問題学習などの場面で用いられている[6）。

2. 青年教育における「共同学習」論の展開

　社会教育における「共同学習」論は，青年や女性たちの運動の中で提
唱され，引き継がれてきた。第２次世界大戦直後，農山漁村に暮らす多
くの青年男女は，高等学校へ進学する条件を持たず，地域の青年集団の
中などで「新しい社会」の担い手として学びあう場を求めていた。地域
にある小・中学校の教師や農業改良普及員，さらには1949年の社会教育
法制定後は公民館の主事たちの助言を得ながら，青年たちは夜学会やク
ラブ，サークルなど様々な形で学習を展開していた。（勤労青年の学習
活動については，本書の第12章も参照すること。）
　当時，占領軍の民間情報教育局（CIE）と文部省共催の青少年指導者
講習会（YLTC：Youth Leadership Training Conference）等を通じて
もたらされたグループワークの理論と方法論などの普及もあり，青年た
ちの学習は小集団を基礎として多面的に繰り広げられていた。そうした

5）吉田昇「共同学習のゆきづまりをどう打開するか」『月刊社会教育』1958年12
月号，国土社，pp.66-74
6）矢口悦子「共同学習」『社会教育・生涯学習辞典』朝倉書店，2012年，p.111

状況にあって，山形県をはじめとする地域では「青年学級」との呼び名を用い，戦前の青年学校とは一線を画しながらも，一定のカリキュラムを用意して主事と呼ばれる講師のもとで組織的な学習が展開されていた。それは，1953年の青年学級振興法の制定によって制度化されることになった[7]。

　この法律によって，各地に多数の青年学級が開設され，補習的な教育や農林漁業における知識や洋裁，栄養指導など実生活に即する指導，さらにはレクリエーション活動が公民館などの施設を会場として実施された。一方で，青年学校の残像が見え隠れする青年学級は，新しい教育制度のもとで定時制高校や通信制高校教育による学習機会の提供でも満たすことのできない勤労青年の学習要求に対して，安価な「学級」方式でそれを補完する政策であり，単線化された教育制度を実質的に複線化することになるとの懸念からの法律制定反対運動も広くみられた。

　1951年に結成された日本青年団協議会は，約400万人ともいわれた全国の勤労青年たちを組織していた。そこでは，激しい議論の末，青年の主体性を守り，官製の教育に支配されまいとして，反対運動を興したのである。運動は，対抗しうる独自の学習の場を作る実践を要請し，それを支える理論として「共同学習」論が本格的に提唱されることになった。全国的な運動を推進するために，青年団では，大学教員をはじめとした研究者や地域に暮らすいわゆる文化人，あるいはマスコミ関係者を講師や助言者として招きいれ，そうした人々の協力を得ながら，「共同学習」の理論的整備と運動の展開を図った。実際に法律が制定されてからは，青年学級運営を主導し，そこでの学習方法として「共同学習」を位置づけたのであった（日本青年団協議会編，1971）。

　講師・助言者の一人は，1952年11月15日付『読売新聞』に次のような文章を寄せている。

7）青年学級の開設から法律制定に至る過程については，日本青年団協議会の年史の他に論文や著作等先行研究が多数みられるが，山形県の青年団の動きが典型のひとつであった。

　以下の文章は，東京大学の宮原誠一（1909-1978）[8]による。

　　農村青年たちの勉学心を支えてやれないとは，なんという政治の貧
　　困だろう。しかし，下手に政治の力を期待してはならない。（中略）
　　雀の涙ほどの助成金につられて官僚統制の網にかかった青年学級は
　　それでおしまいである。青年の自主的な勉学の精神こそが，青年学
　　級の生命である。（中略）青年学級は青年団の年少団員の共同学習
　　の機関，その上に4Hクラブがつづき，これが青年団の産業部の実
　　態になる，という青年団の行き方もある（以下略）。

　この記事から，青年たちにとって共同学習という言葉は共通の概念と
なっていること，さらに，農業青年による4Hクラブ活動などとの連携
が課題となっていたことも読み取れる。このように，学習の場には研究
者のみならず，多くの団体や行政の担当者が関わっており，学校教育と
は異なる文脈において青年たちの学習を支援もしくは指導していたこと
が理解される。その背景には，戦前の教育への反省や，新たに占領軍に
よって指導されているグループワークへの対応，日本の占領軍の単独講
和による独立後の国造りの基礎となる青年教育への期待と政治的な立場
からの対立など，当時の社会状況が複雑に絡み合い輻輳（ふくそう）していた。
　しかしながら，ここで注目しておきたいのは，どのような立場をとろ
うと，青年たちに必要なのはそれまでの学校教育のような黒板と教師に
よる指導ではなく，自主的主体的な学習の場であり，民主的な態度形成
と地域における実践への参画を前提とした小集団による対話を軸とした
共同学習である，という点では共通していたことである。以下では，の
ちの青年たちの運動において最も大きな影響を有したと評価することが
できる研究者による理論的な整理を紹介し，当時の実践の構造を分析す

8）1949年に東京大学教育学部が創設された際，社会教育講座に就任した。1954年
に創設された日本社会教育学会の初代会長も務めている。

144

ることで,「共同学習」の持つ意義について述べることとしたい。

　すでに紹介した吉田昇[9]は,青年教育についての歴史や教育方法,そして心理学についても造詣が深く,社会教育の現場にも足を運び,暮らしの中で生かされる本物の学力をつけるにはどうしたらよいかを実践者と共に探求し続けていた。勤務先であるお茶の水女子大学を会場として,占領軍の民間情報教育局（CIE）によって実施された教育指導者講習会（IFEL：Institute for Educational Leadership）[10]の世話係として,その全般に関わり,講習会で紹介されたグループワークや経験主義教育に対してもいち早く知る立場にあった。もちろん,戦前の新教育の導入に際しても,高等師範学校の教員としての立場から親しんでいたと思われる。したがって,すでに述べたような共同学習という言葉が,戦前の学校教育現場でしばしば用いられていたことについても了解していたものと考えられる[11]。

　吉田がその後の運動のテキストとなる「共同学習の手引き」において提起した「共同学習論」とは,青年たちが充分に信頼し平等に関わり合うことのできる少人数で,それぞれの生活現実に根ざした問題を出し合い,解決に向けた実践の方向性をじっくり討議し,実践に移し,さらに課題を見出していく学習をさしていた。これはジョン・デューイ（John

9）吉田昇は,東京帝国大学卒業後東京女子高等師範学校の講師,東京帝国大学助手を経て,1945年から東京女子高等師範学校教授となるも,学制改革により,1949年6月よりお茶の水女子大学助教授と肩書が変わった。日本社会教育学会の創設にも関わり会長も務めている。井上哲次郎を祖父とし,帝国大学教授吉田熊次を父とする学者であり,紀元前アテナイの青年教育についての研究を始めとして,教育学と心理学の双方に対する幅広い知識を有していた。
10）教育指導者講習会には青少年教育の部門があり,吉田昇はその担当であった。
11）吉田は青年団における共同学習と戦前の学校教育において用いられていた共同学習とは異なるものであると認識していた。学校現場では実験や実習を行う際に,少人数の班を編成して共同学習として指導することが効果的であるとされたが,そこでの相互交流の持つ教育力について吉田は十分理解した上で,青年の共同学習の持つ主体的な運動としての側面に目を配ることで,学校教育の共同学習との違いを強調したと考えられる。

Dewey, 1859-1952）による合理的な思考方法を下敷きにしたものである。特に，封建的な社会のあり方を変革することを志向して，青年たち自身の民主的で自主的，主体的な態度形成のための学びの方法として提起されていた（吉田昇，1954）。

　具体的な学習は，生活改善に関わる課題，地域づくり，結婚や跡取り問題，地域における封建制の打破，産業の振興，平和運動，職場における課題など，青年たちが直面するあらゆる課題が取り上げられていた。共感しあえる仲間の中で，実際の経験に根差した苦しさを語りだし，それを問題として見極め，その解決のための方法を提案する。実際に取り組んでみてその試行錯誤の中で学びとったことを共有し，さらに新たな課題を見出していくという，まさに，合理的な思考方法の実践であり，プロジェクト活動であり，問題解決学習の手法をとるものであった。吉田は，それを地域に暮らす仲間の中で実施することで，より豊かな解決の示唆が得られることやそうした一連の合理的な思考法を身に着けることで，社会に生きる成人として力量を形成していく場が共同学習であると捉えていた。

　青年たちは，共同学習を合言葉として，各地で小集団による学習活動を展開した。社会問題や生活の矛盾を課題として取り上げ問題解決を図ろうとする経験主義的な学習方法として提唱された「共同学習論」は，教師や黒板に頼らずに，自分たちの経験を大事にしながら，話し合いを基にした学習によって実践を作り上げていこうとする運動論であった[12]。

　同じ時期に，理論的な提起を積極的に進めたところの一つが東北地方であった。山形県では，農家次三男の失業対策としての産業開発青年隊

12）独自の学習運動を展開しようとする青年たちの周りには，研究者や指導者，そして運動家と呼ばれるような人々が多数存在しており，それぞれが一定の影響を与え続けた。ユースワーカーを持たなかった日本では，それに類する役割を，公民館主事，学校教員，地域の文化人，農業改良普及員，社会教育研究者など，多様な立場の大人たちが引き受けることになった。そのため，残されている記録も，書き手の立場によって実践の記述や評価がやや異なっている。

運動や，選挙浄化を目指した公明選挙運動などの実践と連動させながら小集団による学習方法を提起し，日本青年団協議会と同じ1954年，独自に冊子を作成していた[13]。もともと黒板と教師を持たずに，個人で解決するには困難な悩みや地域の課題を皆で話し合う学習方法というのは，黒板と教師を持ち，指導条件の整った学校教育との違いを強調するものでもあったが，結果的には青年たちが自ら課題を発見して，たがいの状況を共有しながら解決に向けた行動を起こしていくことにつながることから，「本物の学び」がそこにあるのではないかと，むしろ積極的に位置づけ直されて，大切に引き継がれてきたのである。

3. 共同学習の構造と特徴

　共同学習と名付けることによって，それまでの多様な小集団活動や学校教育とは異なる青年の学習として共通のイメージを持って捉えることができるようになり，数百万という青年団員や地域青年たちの間での共通言語となっていった。学校教育のような教科のカリキュラムに沿って実施されているわけではないために，その学習内容や具体的な展開も本人たちが共同学習と述べていればそれを否定するものはなかった。また，全国的に広がっていった背景には，次のような学び場の構造があったからではないかと考えられる。図10-1は青年団を一つのモデルとして，共同学習の全体構造の概略を示してみたものである。

　まずは，地域に生きる青年がおり，そのわきには，生まれたばかりの公民館や1949年の社会教育法で位置づけられた社会教育活動として青年の学びを支援するための社会教育主事がおり，1953年の青年学級振興法を受けた青年学級主事がいる。地域社会の再建・復興に向けて農業の近代化や健康・福祉の増進，生活改善運動などの担い手としての専門職の人々は，それぞれに新しい理論による具体的な貢献を果たすために，次

---

13) 山形県の共同学習論の提唱には，当時やまびこ学校で知られることになる無着成恭や文化人と呼ばれた須藤克三などが深く関わっていた。

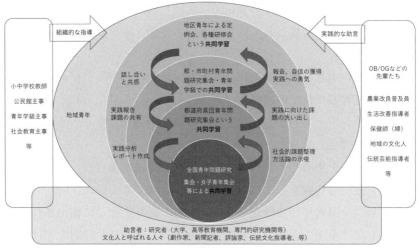

図10-1　共同学習の構造イメージ

世代の担い手である青年層への支援を，共同学習の場において実施した。学びの場とそこに集うことを組織するための支援を行う専門的な社会教育関係者とは別に，学びを実践へと発展させるための専門的助言をなす集団が控えている。さらに，地域から都道府県，そして全国という組織体系を持つ青年団の場合，各段階での研究集会や研修会には，多くの研究者や学識経験者あるいは文化人と呼ばれる専門家集団が「助言者団」として用意されていた。こうした大構造の中で，少人数による話し合いを軸とした学習が「共同学習」として成立していたのである。その特徴をまとめると以下のようになる。

① 　地域の小さな単位の中での定例的な会合での話し合いを基盤とする。
② 　定例的な話し合いを可能とする物理的な居場所が近くにあった。例

えば，新設されたばかりの公民館に設けられた青年たちの部屋や，青年学級や研修の会場としては親しみのある小・中学校が利用されることもあった。

③　地区等の小さな単位の上に，郡市町村における学習会があり，その先に都道府県単位での研修会があることで，語られた実践を提出するために「レポート」として書き上げる作業が必要となり，それが学びの検証の機会となった。

④　レポートを集めたレポート集等が研修会では準備され，複数の参加者の実践的な体験をもとにした議論の土台ができていた。

⑤　さらに全国青年問題研究集会などの場があり，そこに提出されたレポートは，全国の青年たちの議論の場に持ち出され，時間をかけた話しあいがなされ，その背景となる社会問題を探究する学びへとつながっていった。

⑥　それぞれの場面には，「助言者」たちが関わり，側面から支援していた。また，社会教育主事や青年学級主事，さらには学校教員たちが助言者として，あるいは「青年教育指導者」として積極的に指導を行っていた。助言者は，全国規模の集会となれば，大学教授たちも多く参加しており，新聞記者，文化人，演劇関係者，研究者等々，多様な専門性を持つ人々が「助言者団」として控えており，教科書よりも近いところで理論的な学習をすることができた。それによって，個別の課題として示された問題の社会的な背景や意味が探究され，その解決のための糸口が見出され，時には運動として展開するための方策の検討へと及ぶことになった。

⑦　そこでの学びは，全く逆のルートをたどって，地域の実践や運動に反映され，青年たちは自分たちの力による課題へのアプローチやその取り組みを通じた地域づくりに確かな実感と自信を持つことができ

た。

⑧　青年期以降もその経験を有する者たちは，地域のリーダーとして，時には政治家として経歴を生かすことができた。

⑨　民主主義社会を構成する自主的・主体的な青年の育成は，当時の知識人や教育関係者にとって，最優先課題として認識されており，イデオロギーや政治・宗教的な背景を超えて，関わりあう場として網羅性を特徴とする「青年団」がそれを引き受ける土壌となっていた。

　以上のような構造を持っていたがゆえに，学校教育の予算に対してきわめて貧しい予算しか獲得できなかったにもかかわらず青年教育は，たくさんのアクターに囲まれ，多様な陣営から「支援」を受け，実験的な学びを展開することができ，結果としてそれは青年たちが地域で「生きるための力」を高めることになったといえる。

　したがって，社会教育における共同学習は，人々が地域社会を変革しつつ自らの生き方を確立していくための主体性をはぐくむ場として，特定の運動や学校教育タイプの制度化された教育の制約をも超える普遍性を持つものであったと考えられる。

　共同学習とは単なる学びの技法や形式を指すものではなく，敗戦によって，それまでの学校での教育や地域での暮らしの中で教えられてきたことが，ある日を境に否定されるという経験をし，生きる目標をも失いかけた暮らしの中で，何とか自分たちの力で生きる希望を見出そうと模索する中で生み出された場であり，そこで繰り広げられた一連の学びと実践を指すものであったことを述べてきた。さらに，アメリカ占領軍によってもたらされたグループワークの理論や技法ともイコールではない，という点を強調する意味で敢えて「共同学習」と名付ける必要があったこともその独自性に通じている。

　敗戦からの復興というような困難に出会ったとき，一人ではとても太刀打ちできないような課題に向き合う中で，仲間との共感と支えあいの場として共同学習が果たしてきた役割は非常に大きなものであった。その後も，高校通信教育を受講している若者たちが，一人で学び切ることは厳しいために出身中学の仲間とグループを作って教室を借りて「共同学習」をしていた[14]，というような記事が掲載されるほど，青年教育における共同学習は各所で引き継がれていた。

　1970年代後半，高度経済成長を支える労働者として，地方から都市に移り住み，勤勉に生きてきた若者たちが，職場だけの生活によって孤立や孤独を抱えていることが問題となった時，吉田昇は次のような発言をしている。「一人ひとりが人間として認め合うことから出発し，そのなかから，地域づくりを考えていく。皆で考えることから出発し，人間同士の触れ合いを大切にしていく」。そして，「信頼できるのは言葉ではなく事実だ」ということを踏まえ（略）人間が人間として尊重される社会をつくりあげるための共同学習が，いま復活されていかなければならない時期にきていることは明らかだ」[15]と。

　21世紀に入り，人々の孤独や孤立が非常に大きな課題であると捉えられ，イギリスでの孤立対策を参考にした議論が日本でも展開されている。地域青年団や日本青年団協議会などが主催する青年問題研究集会や活動家研修会などでは，70年代から一貫して認識されてきた課題である。それは，人々を分断するコロナ禍というパンデミックを経験することによって，再度認識されてきたことでもある。マスコミが取り上げるか取り上げないかにかかわらず，共同学習の有する価値は，途切れることなく引き継がれてきている。

14）朝日新聞「“共同学習”などを紹介（NHK教材テレビで），働く青少年の教育——高校通信教育——」，1962年8月30日。
15）吉田昇「人間らしく生きるために不可欠の活動　共同学習の教訓から」『青年論調』1978年10月，創刊号，pp.37-41

11 | サークル文化と生活記録運動

辻　智子

　1950年代，人びとは職場や地域で，つどい，歌い，映画を楽しみ，芝居を演じ，本を読み，語り合った。その中で，自分の経験を書き，文集を作って読みあう小集団の活動が各所に生まれた。そこでは何がどのように書かれたのか。その経験は青年や女性たちにとってどのようなものだったのか。資料をもとにたどってゆく。また，その後の時代に引き継がれたものは何だったのか，女性たちの活動を通して探る。

《学習の目標》　小集団での書く活動において時代や社会によって異なる面とは何か，また時代を超えて共通する面とは何か。具体例から考える。

《キーワード》　サークル，生活記録，ガリ版文集，繊維女性労働者

1. 書くこと，読むこと，話しあうこと

　ものを書くことを生業としない人々が，自分の体験や生活を具体的に書き，それを共有するいとなみが，1950（昭和25）年頃からとりわけ目立つようになった。新聞読者欄に多くの投稿が寄せられ，原爆や沖縄戦など戦時の体験や兵士の手記，年少労働者や農村青年の作文集，工場生活や労働争議の記録，女性たちが子どもや平和への思いを綴ったもの，ハンセン病療養所に暮らす人々の日々の記録など「手記」「体験記」「作文集」「生活記録」などと銘打った様々な本が多数刊行されるようになった。

　ここで注目したいのは，書くというきわめて個人的な行為が他者とともに行われていたこと，さらに他者＝仲間とともに行うことに積極的な

意味が見出されていたことである。各々が書いたものを謄写版（ガリ版）で印刷して読み，話しあい，その過程をまた記録していくなど，小集団（サークル，グループなど呼称は様々）によって継続的に文集が作成された[1]。書くことでつながる人々の集団やその活動は，地域や学校，職場，病院・療養所など生活の場を共有する人々の間で広がった。また，雑誌・新聞等の講読者・投稿者が地域ごとに集まりを持ったり，そこで文集をつくったりすることも行われた。戦後，新たに生まれた婦人会や青年会（青年団）などの地域団体でも取り組まれるようになった。

　こうした動きは，当時，生活記録運動と呼ばれた。体験や実感をもとに書くことへと向かってゆく人々の勢いとそれにともなう小集団の活動の盛り上がりが，これを「運動」と名づけさせたと考えられる。それは，「どうしてこのように生活記録，人生記録を書くということが，はげしい勢で全国に広がっているのだろうか」（『別冊　文学の友』1954年9月）と言われるほどであった。

　ところで，自らの体験や経験を「ありのまま」に書くという発想や「生活記録」という言葉は，この時に初めて登場したものではなかった。例えば，1920年代後半，日本労働総同盟婦人部機関誌『労働婦人』は，深夜業が撤廃された工場の中のことを「（深夜業が廃止されて）よくなった点も，悪くなった点も，小さい事でもいゝから，体験を書いて下さい」（1929年5月号），「生々した労働生活の記録，日記，感想，歌，俳句，詩，一口話等を仕事場から，工場から，台所からどんどん送って下さい」（1929年7月）と呼びかけ，それに応えて紡績工場の女性労働者が多数，手記や生活記録を投稿している（第6章参照）。

　では，生活記録運動とまで呼ばれた1950年代の特徴とは何だったのか。それは，書き手がグループやサークルといった小集団を形成したこと，

1）当時の文集や機関誌で復刻出版されたものに，『紡績女子工員生活記録集』（全12巻，日本図書センター，2002/2008年），『東京南部サークル雑誌集成』（全3巻・附録・別冊，不二出版，2009年），『サークル村』（全3巻・附録・別冊，不二出版，2006年）等。

書かれたものが学者や作家・評論家など書くことを生業とする人々に戸惑いや動揺を生じさせたことだったと考えられる。鶴見和子（評論家・当時，1918-2006）は，「生活者である主婦や働く娘が，自分たちの生活のことを書き始める動機は，今の小説も映画も論文も演説も，職業知識人にまかせておくかぎり，自分たちのものではない，という，正しい認識——というよりも，それは，そのことにハラが立つ，という感じとして意識されている——から出発して，だから，自分たちは，自分たちの感じや考えを，自分たち自身で，書くことによって，うったえたい，という意欲となってあらわれ」たと表現した（鶴見和子「Ⅳ　婦人」『岩波講座文学第2巻　日本の社会と文学』岩波書店，1953年，「主婦と娘の生活記録」と改題して鶴見和子『生活記録運動のなかで』未来社，1963年所収）。そして鶴見は「自分自身の自己改造」のために自らも生活記録サークルに深くかかわるようになっていった。1950年代の生活記録運動とは，「知識人」の足元を揺さぶるようなものだったのである。

　このような生活記録運動の火付け役に『山びこ学校　山形県山元村中学校生徒の生活記録』（無着成恭編，青銅社，1951年）がある。これは，学級文集『きかんしゃ』をもとに中学生による作文や詩や調査報告を，学級の担任教師が編集して出版したものである。そこには，生活が立ちゆかなくなるほどの経済的困窮に直面する山村の暮らしの現実が具体的に綴られていた。そして，その現実と社会科など学校の授業で学んだことを照らし合わせ，その懸隔に対峙しながら，生徒たちは「なぜ？」と疑問を発し，思考した。「学校にはいくら金がかかるか」という疑問から，その実情を自ら調査もした。働かなければならないために学校に来られない級友を手伝って一緒に薪を背負った。その記録をもとに学級の中で話し合いも重ねられた。『山びこ学校』が当時の世の中に与えた衝撃は大きく，その後，増刷を重ね，映画にもなるほどであった。こうした状

況を，村に暮らす大人たちは「恥さらし」などとして決して喜んで受け入れはしなかったが，その社会的反響は大きく，『山びこ学校』は複数の言語に翻訳されて読者はさらに広がっていった。

　子どもたちが日常生活の中で感じ考えたことをその契機となった体験にそくして具体的に綴った作文と，それを用いた学校教師による教育実践は，生活綴方（綴方教育）と呼ばれる。その端緒は戦前にさかのぼるが，戦時の弾圧を経て，戦後，各地の様々な学校教育実践の中に生かされた。そして，学校で編まれた文集や機関誌・同人誌の数々と教師たちの取り組みは，地域や職場やサークルの生活記録と連動しながら1950年代に広がりを見せていった。

2. 繊維女性労働者の生活記録サークル

　書くことは，表現の自由な発露として書き手の感情や意識を解放する面を持ちうる。他方，「ありのまま」に書くことは容易ではなく困難もともなう。自分と向きあう苦しさや，体験をうまく言葉や文字で表現できないもどかしさに悩むことも少なくない。読み手の存在を意識することで書くこと自体への躊躇や忌避が生じることもある。書くということは，実に「ままならない」いとなみなのである。しかし，そうした中でも自分や周囲や世の中を従前とは異なる目で見つめなおす契機になることもある。具体的な事例にそくして見てゆこう。

　『母の歴史――日本の女の一生』（木下順二・鶴見和子編，河出新書，1954年）で知られる「生活を記録する会」（三重県四日市）は，紡織工場の労働組合文化活動の一環として綴方を書くことから生まれた生活記録サークルである。『山びこ学校』を模倣して書いたのが，最初の文集『私の家』（1952年6月，20編）である。

　当時，紡織工場労働者の多くは戦後の新制中学卒業後に農村の家を離

写真11−1　（左）労文文学サークル編『私の家』（1952年6月）
　　　　　（中）東亜紡織泊工場に働く女性労働者たち（1950年代前半頃）
　　　　　（右）鶴見和子を囲んでの座談会（1952年8月，東亜紡織泊工場）

れて工場にやってきた10代の女性たちであった。彼女たちは，働いても
楽にならない農家の暮らしとそれに対する嫌悪，反発，やりきれなさを
作文に綴った。そして，自分の給料を家に仕送りしなければならない現
実を次のように吐露した。

　　妹は，四月からの私の送金によってまかないながら高校へ進学した。
　　私は本当は送金するのがいやだった。自分の買いたい本も買えずに
　　いるのに，家の犠牲になって誰が送金などするものかと思っていた。
　　けれど，正月の帰省でこの決心はくつがえされた。あいかわらずの
　　古だたみ，改造するはずの台所もそのまま，破れた上に貼紙をした
　　からかみに，予想外の貧しさを知らされ，送金の約束をしたのだっ
　　た。（田中美智子「家の人たち」『私の家』1952年6月）

　寄宿舎生活をしながら二交代勤務で働く彼女たちは，皆，生家の貧乏
や「仕送り」生活を気にかけていたが，それを口に出して言うことはな
かったという。しかし，労働組合や寮自治会での様々な文化活動（合

156

唱・うたごえ，演劇，映画鑑賞，文芸創作）を通じて，お互いに知り合い，親密な関係がつくられる中で，以前は恥ずかしいと思っていたことを打ち明けたり，分かちあえるようになっていった。このような関係の上に，胸につかえている，気になる事柄を書くことができるようになっていった。こうして最初につくられたのが文集『私の家』であった。出来上がった文集を読み，また友人・知人からの感想をうけて，「なぜ農村は貧しいのか」「母たちはなぜ苦労ばかりなのか」「自分は将来，母のようになるのだろうか」と疑問や不安の声が発せられるようになった。例えばそれは以下のように綴られた。

> ただただ働くが一方の生活である。此んな生活をして居るのだから，早くおばあちゃんになって行くのも無理もない話だと思う。お母ちゃん達は此んな生活をして居るのにもかかわらず一寸も考へないでこれが"あたり前だ"と思ってあきらめて居るからだめだと思う。苦しい生活をして居るだから，考えるなんて言う余裕の時間がないと思うが"昔からの習慣だ"という古くさい考へはすててしまい，もっともっと良い生活が出来ない物か考え，そうするには一体どうしたら良くなるだろうか，あきらめないで考へる様になったら少しでも婦人の生活が向上するのではないでしょうか。（略）今の日本のお母ちゃんの様になって行くのかと思うと，いやでいやでたまらなくなる。（吉沢先「お母ちゃん」『私のお母さん』1953年3月）

労働組合婦人部が呼びかけて作った文集『私のお母さん』『母の歴史』（ともに1953年）には，母に対する反発や批判と同情や共感が混ざりあっていた。そして，そこから，「お茶やお花を習う時間を割いて，サークルや自治会の仕事」をすることで「親に左右されない意見を持った人間」

になることが,「お母さん達の時代にはなかった新しい事」なのだと考えるようになっていった（田中美智子「母の半生」『母の歴史（活版）』1953年12月）。

けれども,「サークルや自治会の仕事」に取り組む彼女たちは, 新たな壁に直面する。「結婚適齢期」という問題である。周囲の男性たちの言動に接し,「うんと進歩的な考えをもっているっていう人でも, いざ結婚とか恋愛となると古いんだよね」「やれ女性の解放だの何だのと言っても（略）恋愛や結婚の問題になると, ぶちこわされてしまう」「今のインテリ, 学者たちは無論, いちばん大切な若い集団のなかの指導者ですら知らないでいて, 今の世の中の娘たちが立っている存在を忘れがち」「わたしたちがそういう世の中で人間並みに伸びようとして一生けんめいになるには, すごい努力と勇気がいる」と感じ, すぐには答えが見つからずに悩み迷う日々が続いた。そんな状況は次のように表現された。

　　まったくジワジワと豆かすを, しぼるように, ノロノロだから, 考え考え書くので, 本当に汗が出て来るほどです。みんなの力で新しいものを身につけてゆくという事が, 長い目で見てこういう事だなぁーっていう気がします。（略）一人の頭の中で考え, 自分だけで努力しようとしてもとてもできないと思う。（略）ああでもない, こうでもないと話し合いができてこそ, 新しいことばや体験が体の中に知らず知らずたたきこまれていくのではないかなと思うのです。（鈴木久子「愛情と私たち」『なかまたち』第12号, 1956年）

1950年代後半以降, 20代も後半となった彼女たちは次々に工場を退職し, それぞれの道を歩んでいった。工場生活を通して彼女たちが追求し

てきたことは，その後の人生と生活の中で実践的に試される，として，退職後もお互いに確かめ励ましあおうと，通信や文集を作ったり，定期的に集まったりする関係を続けた。2000年代には，1960年代以降の自らの足跡を「私の『母の歴史』」として書くことも試みた。

　以上は，「生活を記録する会」という一つのサークルの断片的な紹介にしかすぎないが，10代後半から20代前半を中心に70〜90万人の女性たちが従事していた1950年代の日本の繊維工場では，生活綴方・生活記録の活動が各所で行われた。繊維労働組合生活綴方編集委員会編・発行『明日のある娘ら──繊維労働者の生活綴方』（三一書房，1954年）には，そうした活動の一端が収められている。

3. 女性の学習と記録

　1950年代後半以降，小集団で書き，話しあう生活記録の活動は，工場や都市部だけでなく農山漁村の女性たちの中にも浸透していった。

　文部省（当時）が新しい学習内容と学習方法を試みた実験社会学級として静岡県稲取町教育委員会に委嘱した稲取実験婦人学級（1954〜1957年）では，30〜40代の女性たちが，農閑漁閑期の週2〜3回，夜に集まっては話し合いを中心とするグループ学習を展開した。生活の課題を出しあうところから始め，実態調査を行ったり，地域住民に話をきいたりしながら記録にまとめ，最後は大勢の町民の前でそれを発表するまでに至った。この活動は，参加した女性たちに大きな自信をもたらしたという[2]。この稲取実験婦人学級がモデルとなり，「話すこと，きくこと，書くこと，考えること」「調べること」を重視した学習活動は，この後，全国各地で広汎に行われてゆく婦人学級にも影響を与えた。婦人学級とは，地域婦人団体や社会教育行政による教育事業で，1950年代後半より国庫補助制度が開始され全国的に広がった。開設学級数，学級生数とも

2）稲取婦人学級関係諸資料は独立行政法人国立女性教育会館女性アーカイブ所収。

に最も多かったのは1957年度で，全国で 6 万2,704講座，386万3,430人の
参加者を数えている（「婦人教育の現状」文部省社会教育局，1971年）。

　また，戦後，導入された農業改良普及事業（農林水産省）や農業協同
組合婦人部の活動などから生まれた女性の生活改善グループでも，生活
を観察し，記録し，それをもとに考え，具体的・実践的な改善を行う取
り組みが行われた。その報告を読むと，活動の内容が現実生活に根ざし
たものであればあるほど，その活動が家族や周囲に波紋を呼び起こした
ことが読みとれる。例えば，生活改善グループの活動のために，「嫁」
がしばしば家をあけ，集落や町内の「嫁」だけで集まって話をしている
ことに対して，「改善と称して時間と金を使っている」「家の中のことを
人に話している」と嫌味や陰口を言われたり，「女のくせにぜいたくだ」
「嫁たちが生意気になった」と「姑」層の女性たちから批判を受けるこ
ととなった。これに対してグループの女性たちは，こうした環境自体を
変えていこうと，「嫁」どうしがお互いに支え合いながら小さい努力を
重ねていったという。また，「忙しい」「疲れた」という悩みを共有した
グループでは，自らの生活実態を数値にして整理し，表やグラフを作成
して生活時間の実情を公表した。夫に比べて妻は，娯楽・交際・睡眠・
休養の時間が少なく，他方で家事（薪とり，水くみ，炊事，洗濯，縫物
など）に費やす時間が多いことが裏づけをもって明らかにされた。なか
には，夫に対し妻の労働の現状を認めさせ，農作業を早めに切り上げて
家事の時間を確保してくれるよう主張する女性も現れた。このように，
記録を組み込んだ生活改善グループの活動が起点となって，女性たちの
生活や家族や地域での関係は変化のきざしを見せた。

　他方，このような小集団活動に参加できない女性たちの間では，個人
的な手紙や匿名の投書を文集にして共有したり，親密な個人的関係の中
で書かれたものを読みあう，ごく少人数の集まりなどが生まれた。

　例えば，文集『働く母　生活の記録』（1973年より『おんな　働く母
の記録』と改題）は，岩手県北上山地北部の農山村に暮らす女性たちが，
かつて地域で社会教育主事をしていた三上信夫に宛てて書いた手紙を集
録したものである。編集・作成はすべて三上が担い，出来上がった文集
は希望する女性たちに郵便で送られた。1960（昭和35）年４月から40年
以上にわたって継続的に作成され，50集以上が編まれた。そこには，農
業や生活のこと，家族の会話や出稼ぎの夫への思い，小さい頃のことや
自身の結婚のこと，夜這いの慣習やメンス（生理）のことなどが率直に
綴られている。顔の見える関係や地域では言えないことも書かれるよう
になった。なかには，片仮名だけで書かれた，次のような手紙もあった。

　　ワタシワ　ガコ（学校）ニ　ゼンゼン　イタコトワ　ナイデス。
　　ワタシ十六ノトキ　シジクイシ（雫石）ノ　キクチキクエサン　ト
　　ユウ　ムスメサント　ナカヨシデシタ。ソノトキ，カタカナ　ヤ
　　ヒラガナ，ヨク　テオトテオセラレタ（手を取って教えられた）
　　モノデス。ソレカラ　レンシュシテ　コノクライカクヨニ　ナリマ
　　シタ・トテモ　ウレシイノデ　アノヒト　ワスレラレナイ」（岩泉
　　町・昭和37年，三上信夫「山村の母がつづる心の飢餓──文集『お
　　んな』の歩みから」福尾武彦編『現代を生きる学び』民衆社，1997
　　年，268頁，引用文中の括弧内は引用者の三上による補足）

　他にも，広島県の備後地方で編まれた文集『みちづれ』（1960〜1972年）
は，図書館の読書会を契機に発足した複数の読書グループの交流の場か
ら生まれた。そこには，各グループの現状報告や本の紹介にとどまらず，
自身の半生や戦争体験，結婚や夫婦のこと，性のこと，子どもの教育，
農作業や農家の経営，村の生活様式などが様々に綴られている。

　会合に出て，いろいろの話を人に聞いてもらえる時ほど嬉しいこと
はありません。他の人の苦労話も聞かせて貰い，お互いに口には出
さねど，同じ道を，そして同じ苦労をしている人も，数あることを
学び知った時，私は一人ではないんだ，共通したものが，夫々の心
の中に流れているんだ，ということが話しあってみてはじめてわか
りました。(農宗富美枝「読書会と私」『みちづれ』第１集，1960年)

　この活動には，農村の女の一生を描いた小説『荷車の歌』で知られる
作家・山代巴（1912-2004）もかかわった。山代は，「あきらめ」「みて
くれ」「ぬけがけ」根性がはびこる村社会に身を置きながら，一人ひと
りが互いを生かしあっていく新たな連帯をどのようにしたら展望できる
かを探求し，日常茶飯の出来事の中に人権の思想を浸み込ませてゆく必
要を説いた。山代が，どこの誰の事かわからないように創作した「現代
の民話」が呼び水となって，女性たちの中に対話や交流が静かに広がっ
た。
　1950年代の生活記録運動は，1960年代後半以降，公民館や女性施設
（女性会館，女性センター，後に男女平等センターなど）で広く行われ
るようになった女性たちの学習活動にも影響を与えている。
　例えば，東京・国立市公民館では，「日常生活や女自身の意識のひだ
にまぎれこんで女を縛っているものを洗い出し，内在する矛盾と外的な
状況との関わりをたどりながら差別の相貌を見よう」として，話しあい
を中心に講座が行われた（伊藤雅子「おとなの女が学ぶということ」国
立市公民館市民大学セミナー『主婦とおんな』未来社，1973年，216頁）。
ここには，丸岡秀子や山代巴の影響も見てとれる。講座での話し合いの
記録を共同で書くことに取り組むなど丁寧にまとめられた記録の数々は
現在も読み継がれている。さらに1970年代以降，各地でさかんに行われ

た地域女性史を書く女性たちの活動や，1980～1990年代，都市部の女性
施設で行われた比較的長期間に及ぶ学習講座などで取り組まれたレポー
ト作成では，その土地で暮らす先行世代の女性たちの話を聴き，それを
自らの人生とも重ね合わせながら，書くことが試みられた。

　1950年代の地域青年会の活動とそこでの生活記録や会誌づくりを起点
として，その後，55年間以上にわたり，詩や生活記録を書きつづけてき
た岩手県北上市の小原麗子（1935-）は，職場（農協）や農村の中で「お
なご」（女性）たちが集まる場（読書会）をつくり，生活記録誌・同人
誌などを通じて，そこで共有された声を発信してきた。その原点には，
戦時中，「国と夫に詫びて死んだ」という姉の存在があった。なぜ，姉
は詫びねばならなかったのか。姉に詫びることを強いる国や地域や家と
は何なのか。地域の中に身を置きながら，これらの問いを考えつづけて
きた小原にとって，書くことは，自分を守り，自分を生きることを支え
るものであった。同時に，それは他の人々が生きることを支えるものに
もなっていったと考えられる。

　以上，1950年代を画期とする，小集団と書くことの活動（生活記録）
を，主に女性たちの経験にそくして見た。

※引用文については，読みやすさを考え一部現代かなづかいに表記を改めた箇所が
　あります。

参考文献

小原麗子（大門正克編・監修）『自分の生を編む──小原麗子　詩と生活記録アンソロジー』日本経済評論社，2012年

北河賢三『戦後史のなかの生活記録運動──東北農村の青年・女性たち』岩波書店，2014年

辻智子『繊維女性労働者の生活記録運動──1950年代サークル運動と若者たちの自己形成』北海道大学出版会，2015年

鶴見和子『生活記録運動のなかで』未来社，1963年

山代巴『連帯の探求』未来社，1973年

12 | 働く青年たちの学習と教育

辻　智子

　学校（中・高・大学）以外にも青年たちの学びの機会は多彩に存在してきた。働く青年にとっての学習とそれを保障する制度や環境をめぐって，どのような模索や議論がなされてきたのか，戦後復興期から高度経済成長期に焦点をあてて見てゆく。これを通して，現在も問われ続けている青年期における教育と労働との関係を考える示唆を得たい。

《学習の目標》 働く青年たちの学習や教育，特にその公的保障とそれを具現化する制度・方法を構想する際の視点を多角的に検討する。

《キーワード》 勤労青年，集団就職，青年学級，働きつつ学ぶ

1. 勤労青年の教育機会とその保障： 1950年代の青年学級をめぐる議論

　教育基本法（1947年 3 月31日）によって，すべての児童・生徒の教育への権利を保護者や国・地方団体が保障することが法的に義務づけられ，小学校（ 6 年間），中学校（ 3 年間）での新しい教育が始まった。それまで10代の若者のための学校（旧制）として，中学校，高等女学校，実業学校，国民学校高等科，青年学校，高等学校，大学予科などがあり，学校種によって教育制度上の格差や性別による区別・差別があり，特に1930年代より議論の対象となってきたことから，戦後の新制中学校は教育の機会均等と平等を実現するものと受けとめられた。そして，中学校卒業後，15歳以上の中等教育としては新制高等学校（以下，高校）が新

たに発足した（1948年4月）。高校には，全日制課程の他に，夜間，昼間（二部），昼間隔週，季節制といった定時制課程[1]，さらに通信制課程が設置されていくが，これらは農村や工場で働く青年たちの労働形態や就業時間に対応したものである。1950年代半ばには高校生の5人に1人が定時制課程在籍者であった。ただし，学校は都市部に偏在し，高校への進学が実質的に困難な地域も少なくなかった。

　農村部では，夜学会や読書会など小集団（第11章参照）の他に，青年学級，社会学級，青年教室，青年講座，職業教育講座など様々に呼称される青年のための教育活動が，公民館，小・中学校，農協や役場などで行われていた。これらは，青年学校の廃止（1947年度末に本科廃止），公民館の設置，高校の未設置，教育委員会法（1948年）や社会教育法（1949年）の制定を背景としながら地域の実情に応じて行われていた。青年学校に代わるもの，公民館の青年教育事業，高校の代替や小中学校の補習教育，産業振興や生活改善に取り組む青年の活動，地域青年団の組織的な学習や交流，和洋裁などのお稽古事といったように様々なものが含まれた。

　こうした中で，山形県は，青年たちの手による学習活動の広がりや市町村での青年教育の動きを受けて勤労青年教育の行政施策を検討し，1948（昭和23）年，市町村に対して働く青年たちの学習活動に対する県費助成制度を打ち出し，「学ぶべくして，学び得ざる勤労青年のために長期教養講座として青年学級の開設を関係各市町村に勧奨し，開設助成費二百七十万円を助成」した。この年，県内135町村で195学級が開設され，学級生は2万3,800人を数えた。ここにおいて青年学級とは，「その土地の実情に立脚し青年の実際生活に即する教育を社会の責任的自覚によって，町村内の各種教育機関並に団体が民主的且つ自主的に経営に参

1）生活の必要から働かなければ生きられなかった子どもも多数おり義務教育は実際には未達成であった。これを目の当たりにした学校や教師の間から通常時間以外に授業を行う取り組みが始まり，その制度化も模索された（中学校二部，いわゆる夜間中学校など）。

加協力」して行われ，「従来の如く余りにも形式的な教育の型を一擲し，コミュニテー・スクールの新しい教育理念」によって運営されるものと構想された（山形県青年学級連絡協議会編・発行『青年学級の宝典』1955年）。もちろん実態は多様であったが，青年たちの自主性と学習意欲にもとづいて共同的・相互的な活動が展開されたところでは，学習内容に生活上の必要や地域の課題が反映され，農業の技術や経営，生活にかかわる様々なテーマが設定され，調査やグループ学習などが行われた。

　これと同様の活動は他県でも見られた。例えば，熊本県鹿本郡植木村では，身近な地域での夜学を希望する声に応え，地元の地域青年団が農閑期の夜8〜10時，公民館の各分館で役場・農協職員や小中学校の先生を講師に数学，社会などの一般教養，農業，和洋裁など職業や生活にかかわる知識・技能の習得を目指す青年学級を開設した（1951年2月）。事前の希望調査には，高校に進学した友人への劣等感や，「ラジオや新聞で耳にするのに知らないと恥ずかしいから英語を学びたい」「取り残される」といった声も寄せられていた。各人が直面している問題について話し合う産業クラブ活動や，講師からも学びつつ各々が研究テーマを設定して課題を探求する一人一研究も計画された（日本青年団協議会「全国青年問題研究大会レポート集」1955年2月）。また徳島県三好郡佐馬地村では，地域青年団が，村や学校教師によって作成された青年学級の計画を「机上の観念的なもの」として覆し，村内8カ所に夜間学級を新設，月1回の中央学級（昼間）も開催した。中卒後9割が出稼ぎで離村する現状を踏まえ，出稼ぎの経験を語る場，出稼ぎ者と在村者のレポートの交換，出稼ぎ先への学級通信の送付が試みられた（同上）。その他の地域での同様の取り組みを見るとグループ活動やレクリエーションを積極的に取り入れるものも多く，青年学級は当時の村の青年たちの

娯楽と交流の場でもあったことがわかる。外出しづらい状況にあった女性たちにとっては，自分の時間を持ち，友人関係を築き，世の中の動きに触れる貴重な契機ともなった。

　こうした各地の動向や青年たちの要望を受け，文部省（当時）は，1953（昭和28）年，市町村が開設する青年学級に対する国の補助金支出（運営経費の3分の1以内の補助）を定めた青年学級振興法を制定した。青年学級は市町村が開設するが，同一市町村の区域内の15人以上の勤労青年による学級開設の申請も受けることが盛り込まれた。運営要綱には，青年の自主性，意欲，希望，意見を尊重して行われるべき旨が明記され，その実現のために学習内容の選択・編成や学習時間数の配当などを協議する運営委員会が学級生や青年団体の代表者を含む構成員により設置されることも期待された。本法制定後，1955（昭和30）年には，全国で1万7,606の青年学級が開設され，学級生数は109万1,734人（うち約46％が女子）に達した。

　ところで，青年学級振興法が成立する過程では，法制化の是非が議論となり反対運動も展開されていた。高校設置が見通せない地域や継続的な就学が難しい労働環境にある青年たちからは青年学級法制化賛成の声があがる一方，それが既定路線化することで高校の整備が立ち遅れることへの危惧や，国や地方自治体による学習や活動への介入や統制が強化されることへの懸念の声が表明されたのである。これらの危惧や懸念は，当時の社会状況——冷戦下での日本の独立と再軍備，家族や地域に対する復古的な主張など——にともなう危機感（いわゆる逆コース）を想起すれば現実味のあるものでもあった。同時に，この議論の中で勤労青年教育のあるべき姿について多角的な検討が行われたことに注目したい。青年による青年のための青年の学習の場はどのようにあるべきか，青年たちの自由と自主性の発揮と公的機関によるその確保・保障はいかなる

制度によれば両立しうるか，青年期の労働や生活と学習や教育はどのような関係として構想され実現されるべきなのか，これらの問いが青年の生活実態に即しつつ具体的な実践をもとに調査・研究・討議された。その一つの到達点が勤労青年教育基本要綱（1954年）である。これは当時，約400万人が参加していると言われた地域青年団体（青年団・青年会等）の全国組織である日本青年団協議会が教育学者らと議論をしながら作成したもので，基本的人権の尊重，教育の機会均等，不当な統制・支配や政治的干渉の排除，自主性，勤労と学習の結合，共同性にもとづく社会，社会活動，広い視野，平和への尽力，青年自身の要求による教育体制の実現といった理念が打ち出された。

2. 働きつつ学ぶ：
高度経済成長期における「就職進学」と女性労働者

　1950年代後半以降，社会の急激な変化とともに青年たちの生活環境も変化していった。中卒就職者が減少し貴重な労働力として「金の卵」と呼ばれた。人口の多い戦後生まれ世代が青年期を迎え，高卒者も職を求めて都市部に集った。1960年代半ば，鹿児島の県外就職率は，中卒では男子74.5％，女子89.0％，高卒では男子78.7％，女子56.8％にのぼった（1965年3月卒業，文部省『学校基本調査報告書』）。広域的な移動をともなう就職は，産業・企業側の求人数と，職を求める中学・高校生の人数を，学校や職業安定所を通じて政府機関が全国規模で集約し，調整して割りふるしくみ（労働力需給調整）によって「効率的」に行われた。集団就職とは，このようにして人為的に生み出されたものでもあった。

　ところで，かつて『学校基本調査』における「卒業後の状況」には，「進学」「就職」の他に「就職しつつ進学している者」「就職進学者」という選択肢があった[2]。調査票記入上の注意点（1966年）によれば，「就職

進学者」は高校の定時制課程への進学者で，通信制課程や各種学校は含まなかった。逆に高校全日制課程への進学者は，たとえ家業やアルバイトに従事していても「進学者」に区分された。あらためて就職と進学の二者択一ではない関係に気づかされる。一人ひとりの実態にそくせば，青年たちの労働と教育（学校）は混在・両立しているのが常態だったとも言える。

　企業や業界団体の中には「就職進学」を前提として採用や労務管理を行うところもあった。その典型が繊維産業である。明治期以降，働き手を若い女性（特に都市部の大規模な紡績工場では農村出身の若い女性）とすることで景気の変動や技術革新による変化に対応してきた繊維産業では，1960年代，中卒就職者の減少に直面する中，一定の新規採用を確保するために自ら定時制高校を設置したり他の定時制・通信制高校と連携したりするところが増加した。さらに高校進学率が上昇する1960年代後半以降になると保育士や幼稚園教諭の養成課程を開設する短期大学との連携も模索された（拙稿「「就職進学／進学就職」という進路」『青年期教育』2018年）。年少労働者を交代勤務で雇用してきた繊維産業は，従来，工場に寄宿舎（寮）や学校（昭和戦前期には小学校や青年学校，戦後には各種学校や定時制高校）を附設し，労働・生活・教育（学校）をシフト制で集団的に遂行させてきた。企業側は，この経験の上に時代の変化に合わせて「働きながら学ぶ」ことができる環境を整え，特に都市と農村との経済的・文化的格差に着目して採用活動を行った。経済的な事情や「女性だから」として進学がかなわなかった人たちにとって，「働きながら学ぶ」ことができるとのうたい文句は魅力的な響きを持った。

　では，女性たちは実際に，どのように働き，学んでいたのだろうか。

2）この項目は1976（昭和51）年度まで。翌年以降は再掲で「進学者のうち就職している者／教育訓練機関等入学者のうち就職している者」。1975（昭和50）年に専修学校制度が創設，翌年度調査より，専修学校，各種学校，公共職業訓練施設が選択肢に加えられた。

　愛知県西部では，公共職業安定所，自治体（一宮市，尾西市・当時），織物業者団体が，一宮尾西地方求人対策協議会を結成して組織的に求人活動を展開し，長崎，鹿児島，宮崎，熊本，沖縄，北海道，青森，岩手といった遠方から多くの労働者を集めた。一宮市の人口を見ると，10代後半〜20代前半の女性が大幅に増加し，15〜19歳では男性の約2倍にもなる反面，20代前半には多くの転出者が出るなど若い女性たちの流動性が際立っていた（1965年）。一宮公共職業安定所「定時制高校卒業生の進路状況調査」（1974年3月）によると離職・転職が約6割（うち約3割は「無業者として帰郷」），高校1年生の72％は「卒業したら今の会社をやめたい」と回答していた（愛知県高教組定通部編『風さわぐ野の花　繊維工場の女子高校生』高校生文化研究会発行，1975年）。これらの数値は，高校卒業まではたとえ仕事や生活が苦しくても働き続けるという彼女たちの決意を表しているように見える。現実には倒産や不況で解雇されて高校どころか就労自体の継続が困難に陥る場合もあった。「働きつつ学ぶ」のは容易なことではなかった。

　また，自治体の取り組みとして，大阪府貝塚市は，遠方からやってきた多くの若い女性たちを前に公民館が通信制高校と連携して隔週定時制高校「貝塚女子高等学院」（1965〜1976年）を開校している。公民館としては，「きわめて貧困な水準ではあるが経済的，地域的格差から学ぶ権利を奪われた青年の学習権を保障した」点に歴史的役割を見いだしているが，「いつもいつも走っていたのを一番に思い出します。交替の時間に遅れると先の人に迷惑をかけるから，また授業にも遅れないようにと，会社の中でも，学院でも，道でもいつも時間においかけられていました」との証言からは，当時の生徒たちの生活がいかに余裕のないものであったかがわかる（『40周年紀要　貝塚公民館40年史』貝塚市立中央公民館，1994年）。中には「女工」への蔑視を感じていた人もいた。自

分たちの生活を演劇にして公民館まつりで発表した女性は，「貝塚の人たちに訴えたくて，日頃私たちの思っていることを劇にした。二交替制や，女工と言われることを」と，その気持ちを明かした（学院新聞『あかつき』1971年12月，引用同上）。

　これらを踏まえると「就職進学」の評価は両義的にならざるをえない。高校進学がかなわなかった若者たちに勉学への道を拓く役割を果たした反面，不安定で過酷な就労・生活状況によって「働きつつ学ぶ」環境は十全に保障されにくかった。熟練した技術や長期にわたる就労継続が期待されなかった若い女性たちを主たる労働者とする場合には，なおさら，その就労および教育環境の改善や整備には課題が残された。

3．青年期と職業教育

　こうした現実の一方，青年と教育をめぐる当時の政策的議論は義務教育後の職業教育の位置づけが焦点となっていた。1950年代後半以降，高校における職業科（工業，商業，農業，水産等）や職業に関する教科の設置，定時制高校での職業教育や技能教育施設との連携（技能連携制度）の導入，高等専門学校（高専）の新設など職業教育の拡充がはかられた。職業科生徒の割合は1970年代前半には高校生全体の約40％を占めていた。こうした動向に対しては，学校設備や学習環境が十分に整備されるか，産業界からの要請に従属する単なる若年労働力確保にすぎないのではないか，資本の利潤追求に奉仕する技術者養成だ，就職か進学かによって教育内容に差をつけ学校が子どもを選別する機能を担ってしまうといった批判の声もあがった。実際の労働現場では，職業にかかわる力量は職場の中で習得されるものと見なされるようになり（企業内教育），それによって学校における職業科の位置づけは相対的に縮減されていった。各々の職業的特性に対応した多様な職業教育発展の可能性は削がれ，

結果として，試験の成績（「学力」）という一つのものさしが子どもや学校を序列づける作用が強化された（乾彰夫『日本の教育と企業社会』大月書店，1990年）。1990年代以降，高校教育の「多様化」が進められる一方，若者の不安定な雇用が社会問題化する中で，あらためて青年期の教育と職業の関係が問われてきている。しかし，学校で何を学んだかよりも，どの学校を卒業（入学）したかが重視される（濱口桂一郎の言う「教育と職業の密接な無関係」『若者と労働』中公新書ラクレ，2013年）という現実は変わっていない。教育（学校），特に青年期の教育は，社会（職業）によって大きく規定され制約される面を持つ。産業・技術と労働形態がさらに加速度的に変転をとげる現在，この現実を冷静に受けとめつつも，より広い視野から青年期の教育を構想することが求められている。

　ところで，すでに就労している青年たちの学習の場である青年学級においても，1950年代後半以降，職業教育への要請が強まっていった。国や地方自治体は，商工，農業，漁業と産業別の学級も設置するなどして職業や産業にかかわる教育の拡充を目指した。1963（昭和38）年には国の制度として勤労青年学校を新設（都道府県・市町村が開設し120人以上，学習時間が年300時間以上）した。これとは別に，その土地や産業の実情に応じて独自の勤労青年教育事業を計画・実施する自治体もあった。都市部への出稼ぎが目立つところでは産業育成による地域課題の解決が不可欠となり，農業・酪農・畜産・林業・漁業を学習課題に設定する学級が登場した。例えば，長崎県上対馬青年学級ではワカメ増産を課題とし，水温測定班，ワカメ養殖班，水産物加工班に分かれ，専門家の協力も得ながら研究活動を行った。また都市部では，企業内学級・職場学級・商店街学級などと呼ばれる青年学級が開設されるようになった。会社・工場における技能者養成教育として，電気理論，製図機械，工作

法，電気材料，配電盤，遮断器，読図，電気実験，工業常識といった職業科目が設定された他，一般教養やレクリエーション（フォークダンス，レコードコンサート，ソフトボール大会，他社の見学）が行われた（大阪市日満電気青年学級の場合）。町工場や問屋・商店など中小規模の事業場のニーズを受けとめ，職種や職場を単位とする学級（洋服店，理美容店，クリーニング店，パン工場，自動車工場，板金工場など）が開設され，職業訓練施設との連携も模索された。全国商店街連合会は全国100地区の商店街に「全商連青年学級」を開設する試みも行っている（1963年度）。

　このように職業教育をうたう青年学級は一定程度の広がりを見せたが，その内実は一様ではなく，職業にかかわる学習が一般的・基礎的な内容に終始し実際の職務との関係が薄いもの，雇用主・店主側の要請を強く反映した内容から青年たちの関心と合致せず学級生数が伸びなやむところも現れた。職業知識や技術の習得が実際の職務や待遇・処遇と連動しないことも多く，職業教育としての青年学級は限界に直面した。

　しかし，他方で，青年たちが青年学級に求めていたものは職業知識や技術だけではなかった。それよりも，同じような境遇や心境を分かちあえる仲間との出会いこそが共通に求められていた。青年学級では，映画鑑賞，レコードコンサート，コーラス，調理，ハイキング，体育などのレクリエーション，討論会や研究発表会，宿泊研修，視察旅行などの自主活動が学級生の企画運営によってしばしば催された。これらを楽しみに通った青年たちは少なくなかったはずである。そして，それは次に見る働く青年たちのグループ活動の隆盛とも重なっている。

4．勤労青年のグループ活動と学習

　1950年代後半，東京・世田谷で「若い根っこの会」というグループが

生まれた（加藤日出男『東京の若い根っこたち』第二書房，1957年）。「美しい花をみて根っこを思う人は少ない／暗い地の中にある根っこのことを考える人は少ない／ひとりぽっちの根っこ　悲しんでばかりいる根っこ／俺には希望がないという根っこ／だれも俺たち根っこのことをわかってくれないとねじれる根っこよ／お互いに苦しいことを語りあおう／そして暗がりで，ひとりぽっちで悲しんだり　ねじれたりすることをやめよう／小さな力でも出しあって　たすけあおう／おたがいにねじれた根っこをすっきりと地の中にのばそう」といった呼びかけに応えて集まった人の多くは，「お手伝いさん」（32.7％，1963年），店員（30.6％，同）をはじめ，工員，職人（大工，左官，畳屋），洋服仕立，美容師といった家族経営の商店や工場に住み込みで働く人たちが多かった。その出身地（多い順）は，新潟，福島，秋田，岩手，青森，茨城，長野，北海道であった。1960年代末の東京都の実地調査によると，住み込みで働く勤労青少年の90％は東京都区部以外からの転入であった。

　住み込みで働く青年たちは，24時間勤務とも言える状況で気の休まる時がなく，しかし，手持ちのお金や言葉の訛り（方言）を気にせずに気楽に休日を過ごせる場は得難かった。そうした若者たちは，特定の目的や活動計画などはなくても，お互いに顔をあわせ，時間と場所を共にすることを求めて集った。「若い根っこの会」は1960年代に急成長を遂げ，会員は約10万人に達した。1961（昭和36）年には「根っこ会館」（埼玉県川越市）を開設，関西には支部も生まれた。故郷や家族と離れた都会暮らしの中で，このような場を求める若者たちは少なくなかった。

　「若い根っこの会」のみならず，このような「たまり場」的な空間は他にも各所に生まれた。青年学級や公民館も，そうした場になりえたし，働く青少年のために設置された公的施設として勤労青少年ホームのような場もあった。勤労青少年ホームは中小企業で働く青少年の保護と福祉

を目的とするもので，青年たちが余暇を過ごす場として設置されてきた。国の補助事業（1957年）になって以後，全国に百カ所以上が設置，さらに勤労青少年福祉法制定（1970年）後に設置が進んだ（施設数ピークは1990年代の537施設）。ここには，年少労働者の早期離職を防ぎ，職場への定着を図るといった政策的意図があり，孤立して犯罪へ走るのを防止するための不良化防止・青少年健全育成との観点があった。

　勤労青少年ホームの実情に目を向ければ，青年たちにとっての身近な「たまり場」として大いに活用されてきたこともわかる。例えば，1964（昭和39）年に開館した札幌市勤労青少年ホームは，ロビー，音楽室，図書室，相談室，軽運動場，和室を備え，開館1か月で利用登録者数（中小企業で働く15〜24歳）は2,174人，利用者は延べ4,529人，日曜日や木曜日（近隣商店街の休日）には300人近くが押しかけるほどの盛況ぶりを見せた（札幌市中央勤労青少年ホーム編『明日への架け橋──札幌市中央勤労青少年ホームの20年』札幌市，1984年）。札幌市内にはさらに3つのホームが新設された。青年たちは，そこで休日を過ごし，グループをつくって文化活動やスポーツを楽しむとともに，「ふるさと電話（無料電話）」「知名人を囲む座談会」「事業主一日入館の集い」「結婚おめでとうパーティ」「ふるさとバス（無料帰省バス）」「ふるさと青年年越しのつどい（大晦日に帰省しない青年たちの集まり）」などの行事に参加した。ここに見るように勤労青少年ホームの「ホーム」には，家族の代替，第二の故郷，安心できる場所という意味があると理解される。なお，勤労青少年ホームは1990年代以降再編され札幌市では現在，若者支援施設（ユースプラス）となっている。

　勤労青少年ホームの他にも青年会館・青年の家・青年交流センターなどといった青年教育施設や地域の公民館などで青年たちの集まりやグループ活動は広がりを見せた。これらの施設において，バラバラの個人

の寄せ集まりが集団を形成するようになるのは，青年学級，青年教室，青年講座，青年大学などと様々な名称で行われていた事業を契機とすることが多かった。青年教室は15人以上の青年が年間40時間以上で国の補助金事業対象となり文部省から市町村に委嘱または市町村教育委員会によって開設するものとされたが，青年学級と同様，国庫補助申請とは関係なく自由に開設されるものも少なくなかった。要するに，青年と名のつく教室・学級・講座等の事業が各施設で盛んに行われたのである。そして，そこにかかわった施設等の職員は，青年たちに自分たちでグループ（自主グループ）をつくるよう働きかけ，講座や教室が終了した後にも青年たちどうしが関係や活動を継続していくよう促した。グループ運営のノウハウを提供したり文化祭などのイベントへの参加・参画を呼びかけたり，グループ活動で生じる悩みや問題に寄り添ったりした。このようにして青年たちのグループが数多く各所で生まれていった。

　そのような中で名古屋市のように個別のグループを超えた組織も発足した。全国に先駆けて開設（1959年）された愛知県立勤労青少年ホームでは，各グループ（サークル）による活動希望日の重なりや施設の不足からグループ間の調整が求められるようになり登録団体の連絡会が設けられた。愛知県青年会館でも同様の連絡会が発足していたことから，これらが母体となり，そこに名古屋市教育委員会主催の青年教室の修了者の自主グループも合流する形で，1961（昭和36）年，12団体（会員総数約750名）による名古屋青年サークル連絡協議会（名サ連）が発足した（市内小学校講堂にて設立総会を開催）。交流や行事の他，サークル運営に関する学習なども行い，1967（昭和42）年には加盟団体57（約3,000人）にまで拡大した。1971（昭和46）年，名古屋市教育委員会は，グループ（サークル）や青年学級のリーダー養成を意図した名古屋青年大学（73年まで「あすなろ大学」）を開講した。その運営は職員や助言者・講師

と協力しつつ青年たちが担い，開講前には準備会を重ね青年たち自身で学びたい内容を探り学習の計画をたてた。それぞれのグループ（サークル）や団体活動について一年間の活動を総括する中から課題やテーマが見いだされていったという。名古屋市は1970年代に４つの青年の家を開設（熱田区・北区・中村区・瑞穂区，その後，1983年に緑区にも開設，計５つの青年の家を設置），そこでも仲間づくりを意識した講座（事業）が行われ，青年たちの交流やグループ，各施設のサークル連絡協議会が結成されていった。そして名サ連や名古屋青年大学のような市全域を視野に入れた動きと接続し刺激や学習を共有しながら展開した。

　このような名古屋における青年たちの交流や学習の場では，後に生活史学習と呼ばれるようになる学習活動が試みられている。そこでは，青年たちが，自分たちの現在を見きわめ，将来を展望し，そこに自分がどのようにかかわるのかを見いだすために，仲間との関係構築を基盤としつつ自分自身の生い立ちや家族のことを語り，それを歴史的・社会的な視点から位置づけて理解することが目指された。生活史学習を提唱した那須野隆一（1933-2014）は，当時の青年たちが，自分の生い立ちや家族の生活史をたどると，失業，貧困，病気，戦争などの事実につきあたるのであり，それを社会問題として意識することで，自己や家族を客観化し，劣等感・孤独感の中にある宿命的・受動的な理解からぬけだすことができると提起した（那須野隆一「都市青年とサークル活動」日本青年団協議会『地域青年運動の展望』1968年他）。

　このような学習の場では，青年たちが，語り，綴り，歴史や社会について学びながら，自分が抱えこんでいる劣等感やコンプレックスとも向き合っていった。このような姿は，青森から集団就職で上京して連続射殺事件を起こし1969（昭和44）年に19歳で逮捕された永山則夫（1949-1997）とも重なって見える。獄中で多くの文字と言葉と文章を綴った永

山は，そのノートの表紙に『無知ノ涙』と書いた（『増補新版　無知の涙』河出文庫，1990年）。じっくりと机に向かって鉛筆を握り，考えをめぐらせ文字を綴るのは，これが人生で初めてともいえる永山は，自分が犯したことへの悔恨とともに犯行に至る以前の自分の姿を記し，見捨てられた孤独，世の中への恨み，自己承認への叫びとともに自問自答を繰り返していた。このような姿は，2020年代に入った今日にも無縁とは思えない。

　1980年代以降も働く青年たちの学習や活動は形を変えながら続いていく。東京都内の公民館には，障害を持つ青年とともにつくる青年学級（教室）や，働くことをめぐり様々な状況にある青年たちの「たまり場」が生まれた（例えば，狛江市公民館の「プータロー教室」など）。それらは，働くこと生活することにかかわる現実の中に身を置きながら，身近な生活圏としての地域という場で生きのびてゆく展望を示している。

　高等教育への進学率の上昇と青年学級の補助申請の減少を根拠に青年学級振興法は廃止（1999年）されたが，青年たちの多様な活動や学習は，青年自身にも，社会にも，絶えず様々な問いを投げかけている。

　（なお，今回，労働組合や職場・職業における働く青年の学習・教育については，取り上げることができなかった。農村については第13章で述べる。）

参考文献

加瀬和俊『集団就職の時代 高度成長のにない手たち』青木書店，1997年

日本社会教育学会編『現代社会と青年教育』（日本の社会教育第29集）東洋館出版社，
　　1985年

橋本紀子・木村元・小林千枝子・中野新之祐編『青年の社会的自立と教育 高度成
　　長期日本における地域・学校・家族』大月書店，2011年

宮原誠一編『青年の学習 勤労青年教育の基礎的研究』国土社，1960年

全国青年学級振興協議会編・文部省社会教育局監修『青年学級のあゆみと展望』
　　1964年

矢口悦子「青年学級振興法の廃止と青年教育の課題」日本社会教育学会編『地方分
　　権と自治体社会教育の展望』東洋館出版社，2000年

13

変化する農村社会における
地域青年活動

辻　智子

　高度経済成長期における都市化・工業化はそれまでの暮らしや地域社会を
大きく変容させた。それに対峙しながらも「村」で生きることにどのような
展望を見出していったのか，農村・「地方」における青年たちの文化活動・学
習活動の展開を見てゆく。今日，「地方創生」「地方再生」が叫ばれているが，
その政策意図を自覚的・批判的にとらえかえし，自らの暮らしを紡ぎだして
ゆく道を展望することにつなげたい。

《学習の目標》　活動の具体的実践に触れながら，それが青年たちにとってど
のような学びの過程になりえているかを検討する。

《キーワード》　高度経済成長期，農山漁村，地域青年活動，文化，学習

1. 暮らしの場に根ざした青年活動の展開

　現在，農山漁村（以下，農村）で行われている様々な地域活動の原点
に青年期の経験があったと語る人は珍しくない。福島県二本松市東和の
農家で，地元の仲間とともに耕作が放棄された桑畑の再生や加工品の開
発，野菜や工芸品の直売，都市住民との交流創出に取り組む菅野正寿は，
次のように語っている。

　　ゆうきの里東和の地域づくりを生み出した原動力は，青年団活動に
　ある。私は1980年に就農して以来，青年団運動に力を入れてきた。
　当時の青年団が取り組んでいたのは，孤独な青年の解消，盆踊り，

体育祭，文化祭，結婚や仕事について語り合う青年問題研究集会の開催などだ。／養蚕と畜産が衰退していくなか，出稼ぎに頼らずに農業で生きる道を青年団の仲間たちと夜通し議論したものだ。東和のような中山間地域では，単一栽培による大規模化，企業化，機械化はむずかしい。私たちが模索したのは，トマトやキュウリを中心とする野菜の施設栽培の確立と，四季折々の風土を活かした少量多品目生産の有機農業による複合経営である。（「耕してこそ農民──ゆうきの里の復興」菅野正寿・長谷川浩編『放射能に克つ農の営みふくしまから希望の復興へ』コモンズ，2012年，32-33頁）

　暮らしの場（地域）を同じくする青年たちの集団（「青年団」「青年会」「青年クラブ」「青年サークル」「若者会」など呼称は様々。以下，青年団と総称）は，時代を超えて多彩な活動の展開を見せてきた。

　青年団とは，若者たちの緩やかな集まりで，そこに集った者たちによって活動の内容や方法が企画・立案され，運営・実行されていく。演劇・人形劇・合唱などの文化的な活動，スポーツ，学習（生活や地域の課題の他，農業政策や国際関係，平和など），交流などが各地で共通に行われてきた。また歴史のある青年団の場合には，祭りや小正月など土地の習わしや行事，伝統芸能の継承，また，地域奉仕活動（カーブミラー清掃，草刈り，お年寄りのお宅訪問など）を行うところも多い。生活や仕事・職業のありように対応して，その集団の規模や形態，活動の内容や方法も時代とともに変化してきた。もちろん，北海道から沖縄まで，その気候や風俗習慣も異なり，活動の場も，ごく小さな集落もあれば，人口数十万人といった地方都市もあり千差万別である。それらの中から1960～1980年代の農村・「地方」における活動（青年活動）の具体例を紹介する。そこには，青年が大人になってゆく過程の試行錯誤と，急激

な社会変化に直面しながら自らと周囲の人びとの暮らしをいかに創造していくかという地域の課題への取り組みとが重なって見える。

　なお，農村生活・農業にかかわっては，政府・自治体・産業団体による産業（農業・養蚕・林業・木工業等）の担い手育成の場や，農業協同組合青年部，農村青少年クラブ・４Ｈクラブ等もある[1]。４Ｈクラブは，一人ないし共同研究グループで，農業や生活にかかわる問題を研究課題に定め調査・実験，観察・記録，検討・討議を経て問題解決の方途を見出し提案するプロジェクト活動を展開するのが特徴で，農業改良普及員や公民館主事らがこの活動を支えた。例えば，品種等の改良試験，除草や防虫の対策，農業経営，台所や食生活改善などが研究課題に取り上げられ，個人やグループによる実績発表会が地区・自治体・全国を単位に行われた。青年活動とも重なることが多く，４Ｈクラブと青年団が一体的に活動したところもあった。経営伝習農場，農業講習所など農業後継者育成の観点から開設された教育の場（農林水産省管轄）や自治体による独自の農業青年教育の取り組みもあった（北海道農業学園等）。

　さて，自らが考案し，運営・実行する青年たちの活動は膨大かつ多様である。そこで，ここでは日本青年団協議会（日青協）に蓄積された青年たちの報告（レポート）[2]をもとに，演劇活動，地域課題への取り組み，女性の生き方に関する学習の３つにしぼって見てゆく。青年たちの目線から，なぜ，どのように何が行われたのか，たどってゆく。

1）農村青少年クラブとして，学校で行われる学校農業クラブと，４Ｈクラブがある。４Ｈとは，Hand, Head, Heart, Health の頭文字である。これらは主に20歳以下で組織されるが（20歳以上は農業改良クラブ），地域によっては統合的に活動していた。
2）日本青年団協議会主催「全国青年問題研究集会」（1955年〜現在に至る）に向けて参加者が執筆した実践報告（レポート）のうち1960〜1980年代のものを使用（日本青年館資料室所蔵）。本文中の括弧の中はレポート集収録年，レポート作成者の出身県を表す。

2. 演劇活動

　伝統芸能，村芝居，演芸会，また戦時期の演劇経験などをルーツとしながら戦後（1940年代後半），演劇（素人演劇・自立演劇）活動が活発化した。また日本青年館や文部省社会教育局芸術課などの行政による演劇講習会やコンクールの開催といった普及活動も行われた。青年団では，1950年代半ばより，青年たちが直面している問題や悩みなど身近な生活や職場・地域の問題を積極的に題材として取り上げ話し合いを重ねて自前の脚本を創作する演劇活動が広がった。これは，青年団の共同学習・生活記録活動によっても促された。そして，1960年代には「どこの地域でもやっている」活動の一つとなっていた。

　例えば，旧正月の舞踊・歌・演劇を「今年はどんな芝居ッコヤルベカナ」と心待ちにしているお年寄りや（1963年，青森），「生のもの」から隔離された島で開催した劇団の公演に詰めかける人々（1966年，香川）を目の前に芝居づくりに奮闘したところ，町村合併問題から生じた地区内での「いがみ合い」に対して青年だけでも仲良く手を取りあおうと再編成された青年団が演劇に取り組んだところ（1964年，島根）もあった。そこには，自分の生活に自信を持てず心からの友達もいない日常を何とかしたいという気持ちや，出稼ぎで人数が減った青年団を盛り上げたいという思い，農業から三交代勤務の工場勤めやオート三輪の運転手，ダム建設工事の日雇いやサラリーマンなどへ仕事が変わり「バラバラになった」村の若者たちが新たに何か一緒にできるものを創りたいという願いなどが込められていた。手づくりの芝居上演後に，それを観ていたお年寄りから，「ほんとによかった，生きていてつまらんと思っていたのに，今日でてきてほんとに長生きしてよかった」と声をかけられた喜びが終了後の反省会で共有され，一つのものを皆でつくり上げることで

自らに自信を得た（1969年，長野）という。

　創作演劇のテーマとして，1960年代には，恋愛や結婚の問題，親子の対立，出稼ぎ，村の因習や封建制への疑問がしばしば取り上げられた。例えば，地場産業として水田をつぶして温州みかんを植えようと提案する青年とそれに反対する父親を軸に展開する芝居では，皆が多かれ少なかれ直面している問題でもあり，その熱の入れようはたいへんなものだったという（1967年，徳島）。しかし，日常の村の生活場面で起きていることをそのまま演劇に描き出すことは村の人びとからの反発や批判も招いた。ある青年は，「ねた子を起こすような真似をするな」「忘れかけていることをほじくりかえすな」との声を浴び，今も村の因習や迷信の中にいることに割り切れない気持ちになったという（1968年，島根）。これは，裏を返せば，それだけ実態にそくして現実を把握していたということでもあり，作品としての評価以上に創作過程における学習の深まりとして重要なものと考えられた。実際，演劇を創ってゆく過程では，漁村や農家・酪農家を尋ねて話を聞いたり，村の歴史を調べたりすることも行われた。子どもを出稼ぎに出す漁村の母親役を演じるにあたり実際に現場を訪れて痛感したのは予想以上の経済的な厳しさであった（1964年，青森）。自身の役柄と実際の環境とのギャップを突きつけられた青年は役を理解しようとやれることを手探りで追い求めた。「一つしかない人生の中で，もう一人の人生」を演じるために，その役柄の生い立ちの勉強に我を忘れて必死だったという人もいた（1969年，香川）。町に工場や観光レジャーという名目で娯楽センターが建設されるのに伴い破壊されてゆく自然を青年たちの手で守ることを主張した作品や，家柄等の差別を青年が打ち破っていく姿をとらえた作品も，地域の人たちの意見を聞くために取材をし，それをもとに議論を重ねて創作された（1970年，長野）。このように作品の創作過程では，今まで気にも留めず

にきたことやあえて考えないようにしてきたこと，地域の人々や世の中と向き合い，自身に問いかけ，意見や気持ちを他者と交わし合ういとなみが不可欠であった。

　また，作品の内容のみならず，道具の準備，必要経費の確保，会場準備，広報など一つの演劇を創るには舞台には上がらない裏方の役割も重要で，多くの人の協力がなければ完成しない。すべてがうまくいったものばかりではなく，その失敗も含めて，演劇活動は学びの契機となった。職業を持って働く青年たちは練習時間を確保するために家族や職場の理解を得る必要があり，なぜ演劇や青年団活動をするのか，その意義を説明する必要にも迫られた。「笑えない」「大きな声が出ない」「早口でどもりそうになる」と苦しみ，発声練習を繰り返す人もいた。演劇を通じて，生活が楽しくなった，心に勇気とゆとりが生まれた，人前で意見を発表することもできるようになった，互いに信頼し，大切な仲間となり，助けあって活動していくようになった，とは，そうした経験を経て青年たちが実感した率直な声である。

写真13‐1　丹生川青年団（岐阜県）による演劇『弟日記』第31回全国青年大会，1982年11月6日（日本青年館所蔵）

3. 地域や生活の課題に取り組む

　1960年代，村を離れる青年が増え，仕事や生活スタイルが変化する中で，従来の青年団の運営や活動をどのようにしてゆくのか模索を重ねる青年たちの姿が目立ってくる。そこでの共通の悩みと問題は「出稼ぎ」と「農家の兼業化」であった。男性はほとんど出稼ぎに出るという，ある村の青年は，出稼ぎとは，「みじめに農業を表現したことば」「我々農業に携わる者にとってこれほど不名誉な，嫌なことばはない」と嘆いた（1968年，福島）。したくもない出稼ぎをしなければならないのはなぜか，どうして農業で食べていくことができないのかという疑問を出発点として，農業政策や農業問題に関する学習会が各地で開かれた。とりわけ規模の小さい農家にとって国の政策は厳しくのしかかった。

　　僕の友人に酪農専業の方向で進むのだといってはりきっていた人がある。畜舎も新しく建て，これからというときに乳牛一頭を事故で失い，畜舎の借金と失ったその収入分を，といっていやいやながら出稼ぎにいった。彼の夢はどこへいってしまったのだろう。乳牛を導入することなど今のところ考えられないと正月に帰って来たときいっていた。残ったのは，借金と残された奥さんの重労働と，何頭かのうち一頭失ってもなかなか経営を確立してゆけない農業に対するいかりとあきらめではなかろうか。／このようなことはかたちこそ違え彼一人ではない。（「出稼ぎ問題と農業問題学習会の組織化」，1967年，福島）

　「みんなで何とか出稼ぎに出ないようにすることはできないのか」「どうしたら出稼ぎをなくすことができるのか」を考える学習が続けられた

が，すぐには解決策や結果が出ない以上，出稼ぎに行くという自分の選択を否定しながら，それでも行かざるを得ない窮地に青年たちは追い込まれていった。それでも，住民へのアンケート調査を行ったり，地域の産業・経済状態を調べたりしながら話し合いを重ねた。地区内の出稼ぎ家庭の子どもたちとキャンプを行い，楽しみながら寂しさや悩みを一緒に考えようと取り組んだ青年たちもいた（1971年，熊本）。農業祭を開催し，品評会，一年間の研究や体験の発表，農事情勢の講話，レクリエーション，農産物卸売会などを行い，非農家の住民に農業問題は農家だけの問題ではないと訴える取り組みもなされた（1974年，福岡）。「出稼ぎ」「兼業化」の問題は1970年代にも引き継がれるが，都会から戻ってきたり出稼ぎをやめた青年が地元で新しい活動を展望したり（1974年，山形），農業青年でグループをつくり共同畑で資金稼ぎをしながら青年会活性化をはかったり（1974年，石川）といった試行錯誤が重ねられていく。

　また，1970年代には，開発計画や公害問題に直面した青年たちの活動も目立ってくる。火力発電所建設計画に対して，その安全性を疑い，公害の発生に人々が不安を抱くなかで創作劇に取り組んだ青年たちは，新聞の切り抜きや文献講読，現地訪問など公害に関する学習をしてのぞんだ（1971年，石川）。沿岸部の埋め立てによる工業地帯開発計画に直面した町の青年団では，議論の末，「埋め立て反対」「開発反対」の結論を出したが，地元企業からの圧力を受けて反対運動が困難になったところもあった。その企業で働く青年団員にとっては自らの生活に直結する問題になったからである。実際に公害被害が発生している地域でも，青年たちによる被害者救援の取り組みが提案されるものの「問題を大きくさせたくない」との声が上がり，身動きがとれなくなった。県青年議会（後述）が公害対策特別委員会を設置し支援活動にも取り組もうとしたが，

住民間の感情対立や不満，青年団内部の政治活動への不安や警戒心もあり，チラシの全戸配布のみで終わったところもあった。こうした事態は，まさに一人の生活者（当事者）として，様々な人との結びつきの中で，その土地に暮らしながら活動するがゆえの困難である。原子力発電所建設をめぐる問題も同様であり，青年たちの間で利害対立が生じ，青年団として，原発受け入れに対する意思表示ができなくなってしまったところもあった。やはり，それぞれの生活がかかっていたからである。だからこそ，単に「原発反対」「工場誘致反対」を声高に叫ぶだけでなく，地域がどのように経済的に自立していくか，そのための物やお金の循環をいかに実現するかが探求されてゆくこととなる。

　観光開発，工場誘致，高速道路の建設など地域の変化を目の当たりにしながら青年たちが取り組んだ活動に「青年議会」がある。1957年に富山県青年団協議会が行ったのを先駆けとして，1960年代に，各地に広がった。青年たちの選挙で選出された青年議員が農林水産，産業経済，教育厚生，交通公害，建設などの委員会に分かれて活動し，意向調査，視察，討議を経て，青年議会を開催，各委員会から提案された議案が審議・可決されると，それが自治体の首長や議会に提言される，といった一連の活動で，数カ月間にわたって行われた。自治体職員の協力を得ながら実際の議会活動を踏襲し，議会は議場に傍聴者も入れて開催された。議題は，図書館・公民館など社会教育施設の新設や使用方法の改善の他，スクールバス，給食センター，観光，生産基盤整備，除雪，助産費用助成制度など様々なものが取り上げられている。自治体へ提言されても実現しなかったものもあるが，これによって住民の関心が高まり図書館の建設に向けた市民運動へと発展したところもあった（1979年，長崎）。青年議会は，一定の期間と情熱と情報が必要で，進行役や議員の意識も問われることから，途中で挫折したところもあったが，やり遂げたとこ

ろでは充実感も大きかった。一人ではできないことでも皆が話し合い協力してやればできる，自分たちの地域のためにも役立つ，そしてそのことが自分自身のためにもプラスになる，地域の多くの人と話すことができる，自分の考え方を見直すことにもつながる，といった声が寄せられている。なお，現在も富山県青年議会が開催されている他，中学生・高校生による少年議会（山形県遊佐町）や，16～29歳の若者議会（愛知県新城市）といった現代版青年議会が自治体によって取り組まれている。

写真13−2　　黒部市（富山県）の青年議会　1960～70年代（日本青年館所蔵）

4．女性たちの活動

　1975年の国連「国際婦人年」，翌76年からの「国連婦人の10年」を機に性差別や不平等への疑問と批判の声を上げる女性たちの存在感が大きくなり，日本政府や地方自治体による差別解消の動きも徐々に進み始めた。しかし，丸岡秀子（1903-1990，評論家）が一条ふみ（1925-2012，

農業・文集発行）の発言を引用して言うように，それも農村女性にとっては「遠くで鐘が鳴っているようなもの」であり問題の根は深いと思われた。家を基本単位とする人間関係が「嫁」に忍従を強いる構図は依然存在し，それを変えていかなければ青年（特に女性）たちが村で生き続ける展望は描けないという問題意識は共有されていたが，実際に現実が変わるのには時間を要した。加えて，高度経済成長期，男たちの出稼ぎと農家の兼業化により「嫁」たちは農業の主たる担い手となり，さらにはパートタイムの工場労働者として家計補助の役割も担い，息つく間もない日々の労働が女性たちの肩に重くのしかかった。「鐘の音」は，やはり遠かったのである。

　しかし，それを食い破るような動きが青年（特に女性）たちの中から芽生えていたことにも目を向けたい。青年団の中で女性の生き方にかかわる学習活動が広く行われるようになった。男女別に編成されてきた歴史的経緯から，多くの青年団には女性だけで活動する「女子部」があり，その活動は「女子活動」と呼ばれてきた。従来，女性たちだけで料理・栄養・手芸や生活改善など女性に課せられる家庭役割に関連する諸活動を研究・実践したり学んだりするのが恒例であったが，1950年代半ば頃には，「アクセサリーの存在」としての女性の状況を変革しようとの方向が日青協定期大会（1955年5月）で確認されている。「全くの子どもでもなくそれでいて母や嫁のような苦労からは解放されている女性たちがもつ「甘え」の問題と，それを歓迎し「アクセサリー」的に女性を扱おうとする男性たちの意識の問題を乗り越えてゆくこと」が，戦後の女子活動のねらいとして自覚化され，自らの意識を問う学習の重要性が認識された（矢口悦子「第四章　女性活動（女子活動）の歩み」日青協2001）。性役割やジェンダーという言葉もまだ一般に流布していない時代のことである。

　実際，1970年代半ばでも女性が青年団活動をすることに対しては家族や地域から厳しい目が向けられていた。青年団に参加するのを「女のくせに」と両親から反対されてイヤになる，青年会でもお茶出しだけで自分の言いたいことも言えず隅っこで会の終わるのを待っているような状態，「いい年なのにいつまでも出歩いている」といった周囲からの無理解の視線があるといった声が各地で聞かれた。当時も，料理，茶華，着付け，化粧，保育など結婚後の生活を見据えた「女性としての」修養が行われていたが，そのような活動でなければ青年団への参加はさらに難しかったという実情もあった。他方，なぜ女子だけで活動するのか，女子活動は何のためにやるのかを議論していたところもあった。その中には，性別特性論（男女は異なる性質をもち，異なる役割を担うとする考え方）に立っていると見えるところもあったが，女性への差別をなくすためだと明確に掲げたところもあった。

　　これまでの活動の中で，私達女性が，地域や家庭や職場の中でどんな立場にあるのか何度か話し合ってきました。そして部落の中では，女の人を古い固定観念でしばりつけていることがあったり，職場ではさまざまな形で男女差別がある等，女であるために活動しにくい，働きにくい状態がたくさんあることに気がつきました。（略）私は，自分が女性であることに，たまらなく重荷を感じながら，働き，青年団活動も続けてきました。そして，あらゆる公害をまきちらし，合理化，職業病等で労働者を苦しめ，農業を切り捨て，女性を差別している今の社会に怒りを感じています。（「農村の母のくらしをみつめて」1975年，山形）

このような視点から，青年たちは母たちの生活と人生から自分の生き

方を考えようと作文を書いたり，周囲の女性（「姑」「嫁」「若妻」）らとの意見交換や交流の場を設けたりしている。地域の女性にアンケート調査（結婚・出産・娯楽・生きがいなどについて）を行い，明治生まれから昭和戦後生まれまで年代別にその生活史を整理して座談会を開いたところもあった（1975年，島根）。「母ちゃんと同じ生き方」を繰り返さないためにも女性史を学ぼうと『日本女性史』（井上清）の読書会やそれをグループごとに発表して話し合う学習会（1975年，福岡），女性史研究者を呼んでの講演会の開催も行われている（1975年，長野）。目の前の問題や差別がつくりだされた背景を知りたいという欲求がこれらの学習の原点にあった。それは，「安易に母の生き方を批判するのでなく，母親たちがどんな時代を生きてきたか，なぜ耐え続けるような生活をしなければならなかったか」を考えることであり，それを踏まえて周囲にいる年長の女性たちと直に出会って言葉を交わしあうことを試み，理論と現実を突き合わせながら自分自身の生き方を考えようとした。こうした各地域での女子活動は，郡市・道府県や全国単位で行われた研修会・学習会に参加した女性リーダーが地元にその成果や刺激を持ち帰ったことで促され浸透した面もあった。

写真13－3　第5回全国女子青年集会　日本青年団協議会，1976年8月5－6日（日本青年館所蔵）

　「あととり」どうしの結婚が農村の青年たちにとってとりわけ大きな
問題となってくるのは1980年代である。農林漁業を主たる産業としてい
た地域において若者の農業離れが進み，地元に残った「あととり」たち
が多くなった青年団で，「あととり」どうしの結婚に直面する若者たち
の苦悩は大きかった。その際，女性の方が「嫁ぐ」形をとることが多く，
「養子娘というレッテル」は自由な恋愛や結婚を入り口から阻むものに
なっており，「昔からのしきたりらしきものが，まだまだ消えず」にあっ
た（1987年，大分）。また，結婚式にも慣習が根強く残り，それは急に
は変わらなかった。「改善の必要性を感じながらも世間並みにという考
えとの板挟みから，また，どうやれば良いかわからないこともあって一
般には行われていない」実情を受けて，青年団が，住民へのアンケート
調査を行い，結果を公表・発信し，それをもとに学習会を開催したり，
あるいは青年団員が率先して結婚式の簡素化や青年団による結婚式（会
費制）を実践した（1987年，香川）。

　以上，様々な青年活動を概観してきた。時に楽しみつつ，時に真剣に，
他の青年たちや地域の様々な人々と出会い，かかわりながら活動が行わ
れてきたことがわかる。そこでは，知識を得るにとどまらない学びが展
開されており，それは，欲求や必要によって導かれ，生活や人生に密接
にかかわり，現実や実践をともなう，一筋縄ではいかないような経験で
あった。また，その経験を地元の地域を超えた場で交流したり，それを
もとに学習したりすることで活動は深められていった。

参考文献

日本青年団協議会編・発行『地域青年運動50年史——つながりの再生と創造——』
2001年

14 | 聴くことから教育をとらえ返す： 東日本大震災の被災地活動を例に

松山鮎子

　近年，阿川佐和子著『聞く力——心をひらく35のヒント』（文藝春秋，2012）が発行部数45万部超のベストセラーとなったことに代表されるように，聞く行為をテーマにした書籍が多数出版されている。また，福祉，看護，医療などの現場でも，相手のことばを傾聴することの重要性とその難しさが指摘されている。

　こうした聴く（聞く）ことへの社会的関心の高まりがみられる一方で，社会教育の領域では，従来聴くことが意識的にとりあげられ論じられることはほとんどなかったといえる。そこで本章は，なぜこれまで社会教育では聴くことへの関心が払われてこなかったのかを検討し，筆者の携わった東日本大震災の被災地での活動を例に，聴くとはどのような営みなのか，そこから教育をとらえ返すとしたらどのようなことがいえるのか，考えることとする。

　なお，「きく」は，「聞く」と「聴く」，2種類の表記の仕方がある。両者の意味の違いについて，『日本国語大辞典』（第2版・小学館）では，「聞」は「音を耳で感じ取る。自然に耳に入ってくる。聞いて知る」，「聴」は「聞こうとして聞く。注意してよく聞く」と，『広辞苑』（第7版・岩波書店）には，「広く一般には『聞』を使い，注意深く耳を傾ける場合に『聴』を使う」と説明されている。これらをふまえて，本章における「きく」は，相手のことばを能動的に受け止めようとする意味を含むものととらえ，引用箇所以外は「聴」の漢字を使用した。

《**学習の目標**》　聴くことに関わる教育活動のこれまでの状況を理解すること，また，紹介する事例を通じて，聴くとはどのような営みなのか，それぞれが考えを深めることを学習の目標とする。

《**キーワード**》　聴く，ボランティア，支援，社会教育

1. 聴くことに関わる教育の変遷

　「聴く」とは，生物学的にみれば，人が五感のうちの聴覚を通じて外界の事物を感知する行為のことである。その意味の「聴く」は，人に限らず様々な動物に共通するものであるが，民俗学者の梅棹忠夫が，人は単に物を食べるのではなく誰かと一緒に「食事」をする，それが文化の始まりであると述べたように，聴くについても，私たちの社会は古来より人々の間で「聴くこと」の文化を豊かに創り出してきた。

　教育の営みの中でも，古代ギリシャの哲学者ソクラテスが「産婆術」と呼んだ対話的な問答が，聴くことを中心としていたように，その意義は古くから意識されていたといえる。しかし，学校教育や社会教育の領域で，読み・書き・そろばんが社会生活を営むための能力として長く重視されてきたのに比べて，聴く力が注目されるようになったのは比較的最近のことである。ではなぜ，これまで聴くことにあまり関心が払われてこなかったのだろうか。

　厳密に言うと，学校教育法が制定された昭和22（1947）年の時点で，国語科の学習指導は「児童・生徒に対して，聞くこと，話すこと，読むこと，つづることによって，あらゆる環境におけることばのつかいかたに熟達させるような経験を与えること」が目標とされ，「聞くこと」については「話すこと」の指導の一つとしてその重要性が明記されていた（文部省（1947）『昭和二十二年度（試案）学習指導要領　国語科編』）。

　また，これに続く昭和26（1951）年の学習指導要領の改訂時に，国語科は「民主的社会人として成長する児童・生徒が，ことばを正しく効果的に使用する習慣と態度を養い，技能と能力」をみがくための教科であると位置付けられた。この改訂版の指導要領では，「話すこと」から「聞くこと」が独立し，「聞くことは，四つの言語活動の中でも，最も基本

的なものである（中略）聞くという活動は，受身のように思えるが，実は最も精神の緊張を要する積極的な活動である。それにもかかわらず，この学習指導について，従来あまり考慮がはらわれたとはいえない」と，言語活動における「聞くこと」の重要性が強調され，小中高等学校の教育課程で段階的に，他人の話に耳を傾けること，人の話の要点をとらえること，批判的に聞く態度や習慣を培うことにより，「聞く」技能をいっそう高めていく必要があると明記された（文部省（1951）『学習指導要領　一般編（試案）』）。ここから，当時の学校教育では，「読む」「つづる（書く）」と同様に「聞く」活動も，国語科の言語指導において重きが置かれていたことが分かる。

　しかし，昭和33（1958）年になると，「聞くこと」と「話すこと」が再び一つにまとめられ，さらに昭和52（1977）年の改訂では，音声言語の指導に関する具体的な記述そのものが減少することとなった。

　具体的に，昭和52（1977）年の学習指導要領をみると，ここでの国語科の目的は，教育課程を通して，国語を正確に（的確に）理解し，表現する能力を養うことなどと書かれている（文部省（1977）『中学校学習指導要領』）。この場合の教育の役割は，いわば，「正しい」知識のストックを持っている教師が，その知識を児童生徒に伝達し，正確に理解させることであると考えられる。ゆえに，実際の教育場面では，たとえばひとまとまりの話や文章を要約させたり，その主題を考えさせたりすることで指導を行うのだが，要約などは取り立てて「聞くこと」と関連させなくても成立するものである。そのためこの方針の転換が，結果的に「聞くこと」の指導の必然性を曖昧にさせることになったと指摘されるように（山田貴子（2021）「能動的な聞き手を育成する「聞くこと」の重層的指導——聴解力を鍛える段階的指導モデルの再検討——」『安田女子大学紀要』（49）p.169-180），この時期から学校教育における言語

指導は，文章の読み・書き技能の習得を優先する傾向を強めることになった。

　ところで，1950年代は，国内外の社会情勢が大きく変化する中で，平和運動や母親運動，青年や婦人の文化運動が生まれ，それに伴って青年らが地域や職場で様々なサークル活動を組織する動きが活発化した時期であった。文学，うたごえ，演劇，生活記録など，無数のサークルに人々が集い，詩や小説などを創作し，ガリ版で刷った作品集を互いに読み合い，議論し合う。こうした運動の全体的な特徴としては，余暇活動を主題とするものから，若手経営者の実践的な学習会，社会問題を主題にしたものなど，多様な団体が全国各地に出現したことが指摘されている（中俣保志（2011）「教育学カテゴリーとしての承認関係論の独自性；予期理論による「教育」把握の批判的検討を素材として」『社会教育研究』No.29，pp.1-10）。

　当時のサークル学習の目的について，教育学者の宮原誠一は，次のように述べる。「自分たちの労働と生活の仕方を社会的・歴史的な文脈でとらえるという基本線によってつらぬかれなければならない。そこで青年たちは，社会と歴史の軸に立って自分たちをとらえること，自分たちの軸に立って社会と歴史をとらえることを相互にくりかえさなければならないが，この二つのすじみちが後者の主導のもとに統一されることによって，理論学習が青年たちを現実への主体的・実践的な対決へと導くものになるのでなければならない」（宮原誠一（1990）『社会教育論』国土社，p.300）。宮原は，青年たちの労働や生活が厳しいものであるほど，学習に対する意識はゆがめられたものになると考えていた。そこで彼は，引用にあるとおり，理論の学習を通じて，生活と科学が結合された「真の」学習課題を青年たちが自覚化し，生き方を変革する必要があると主張した。

　ここで注目したいのは，社会的・歴史的な理論，いわば科学的知識を青年たちが学習し，自分たちの生活や労働の現実を「真に」認識すること，また，その認識を軸にして学習課題を導き出し，自らの生活や社会そのものを目的意識的につくりかえていくことに活動の主眼が置かれているという点である。それゆえに，この学習プロセスで展開される読み合い，書き合い，話し合いなどの言語活動の中心は，いずれも互いの考えを主張し合うことや，解釈し合うことによって，各々が「真の」認識に至ることにある。つまり，「正しい」知識，すなわち，所与の知識の正確な理解を目指す学校教育と同様に，この場合も自覚化されるべき「真の」学習課題が予め存在し，そこに「正しく」到達することが強調されている。そのような学習だからこそ，自らの思考を鍛えるための議論，考えを表明し合う教育的営為が重視された一方で，聴き合うことには積極的な意味が見出されなかったのだと考えられる。

　ここで再び，学校教育に話を戻す。その後，この流れが大きく変わったのは，平成10（1998）年の幼稚園教育要領および小中高等学校の学習指導要領の改訂時である。この時に，「話すこと」「聞くこと」が再び固有の領域として復活し，特に情報通信技術の進展や国際化などの社会の変化に応じた「生きて働く国語の力」の育成のための目標として，国語の表現力と理解力を基盤とした「伝え合う力」の育成が掲げられた（文部省（1998）『小学校学習指導要領』）。さらに，現行の学習指導要領ではもう一歩踏み込んで，これからの社会を担っていく子どもたちが，社会や世界に向き合い，関わり合い，自分の人生を切り拓いていく土台となる「主体的・対話的で深い学び」を教科横断的に実現するという教育方針の下，自分と他者の意見や考え方を比較したり，他者から気づきを得たりしながら，考えを広げたり深めたりできるようにすることの重要性が明記された（文部科学省（2017）『新しい学習指導要領の考え方

——中央教育審議会における議論から改訂そして実施へ——』)。

　では，このような変化がなぜ生じたのか。ここまでの議論を整理すると，まず，「聞くこと」の教育が後退した昭和33（1958）年の学習指導要領改訂時は，工業化という共通の社会的目標に向けて，教育を含めた様々な社会システムを構築することが求められていた。その中で，学校教育が担ったのは，既存の知識を正確に理解し，実行できる能力をもつ人材の育成であった。その一方で，当時のサークル活動など社会教育の実践では，青年たちが「真の」学習課題の意識化によって自らの生活や社会をつくり変えることを目指す学習論が打ち立てられた。このように，両者は目的も方法も異なるが，いずれも「正しい」知識や「あるべき」人間像を前提として教育を構想した点が共通している。ゆえにそこで，書くことや読むことに比べて受動的な行為である聴くことは，あくまで何らかの理解や認識に至る一手段や過程にすぎないものととらえられ，意識的にそのあり方が問われることはなかったのではないだろうか。

　その後，高度経済成長が終焉を迎えると，社会経済，特に就労構造の変容や価値観の多様化などによって，人々の生活が不安定の度合いを深め，さらに急速な少子高齢人口減少などの未曾有の人口構造の変化に見舞われ，社会に悲観論が蔓延する事態となる。そのような中で，個性重視の「新しい学力観」が打ち出されてから現在までは，目まぐるしく変化する社会の状況をふまえて，自ら課題を設定する力や，必ずしも正解があるわけではない問いを探求し続ける力を身につけさせることが教育に求められるようになった。そして，このような社会の変化や教育の方向性の転換がなされたために，子どもたちが学校外の実社会で他者と出会い，相互に関係を結びつつ，対話を通してより良い社会を創り出すことに参画していくための「生きて働く」言語や，伝え合いの力が重視されるようになったのだと考えられる。

　なお，近年は，経済産業省の掲げる「社会人基礎力」においても，カウンセリングで用いられるコミュニケーションの技法として提唱されてきた「傾聴力」が，「チームで働く力」の一つに挙げられている。ここからも，個人が社会生活を送る上で，人と人との関係を取り結ぶ対話的なことばの技能，中でも聴く力が注目されていることが分かる。

2.　東日本大震災の被災地での「聴く」活動の概要

　では，近年の教育において再びその意義が認められるようになった伝え合いの言語活動，特に聴くこととはどのような営みなのか。これについて，筆者の関わった東日本大震災の被災地での活動を例に考えることとする。

　平成23（2011）年3月11日に発生した東日本大震災の後，平成25（2013）年から約4年間，筆者は所属大学の被災地支援プロジェクトに携わった。活動内容は，大学の学生たちを引率し，仮設住宅に併設された福祉施設などを訪問して，高齢者の方々と交流するというものだった。主な訪問先は，岩手県の沿岸部に位置する大槌町であった。大槌町は，北上山地の一端をなす山々と大槌湾に挟まれた平野部を中心とする地域で，町の89％は林野のため，人口の多くは，大槌川と小鎚川の二つの川が合流する大槌湾のある，海沿いに集中しているという地理的特徴がある。このような地形も影響し，大槌町の地震および津波被害は，他の沿岸部の地域と比べても甚大なものだった。中でも，大槌町の震災被害の象徴の一つにもなった町役場が津波にのまれ，町長をはじめとして役場職員の約3分の1の方々が亡くなられたことは，報道で知られるところである。

　具体的な数値で見ると，大槌町内の死亡・行方不明者は1,286人（うち，52名は震災関連死。数値は，2019年12月現在のもの）にのぼり，震災前

の全住民に占める犠牲者の割合で，県内最多の8.0％の方々が被害に遭った。加えて，物的被災の面でも，被災家屋は3,878棟で，町の住宅59.6％が全壊，もしくは半壊しており，さらに，宅地浸水率は52％，商業地浸水率は98％と，地域の大部分が浸水被害に遭っている。

　これは余談だが，上に書いたような深刻な被害のあった大槌町では，復興計画において，次に津波がきても今回のような大きな被害が出ないよう，土地全体を約５メートル嵩上げする工事を実施することを決定した。筆者らが訪問し始めた当時は，ちょうどこの嵩上げ工事が始まった頃で，街の中心地に相撲の土俵のような土の山がいくつも盛られている状況であった。そして，このような町の景色をみて，現地のある方が私に話されたのは，「２回記憶を失くした」ということだった。

　実は，大槌町の中心市街地はもともと東京の下町と似て，家々が密集したところだったという。それが今回の津波ですべて流され，その現地の方は，昔どこにどんなお店があったか，ここは誰の家だったかといった記憶が，震災後，覚えていたいと思っていても徐々に薄れてきていたのだそうだ。さらに，盛り土の工事が始まると，今度は震災後の景色すら忘れつつあり，こうして「２回記憶を失くした」後にできた新しい街を，果たして自分たちのかつて慣れ親しんだ場所と思えるだろうかと，その方が寂しそうに話していたのが印象的であった。

　現地の方々と交流をする中で，活動の目的の一つになっていったのが，土地や人の思い出話や今の生活についての話を一つひとつ聞きとって，各自が記録することであった。被災した当事者の話や文章を記録する活動は，たとえば，日本青年団協議会が平成23（2011）年から10年間にわたり継続的に発行してきた生活記録集『生きる〜東日本大震災と地域青年の記録〜』（第１-６号）や，震災や水害などの被害に遭った当事者に対して，「災害の一日前に戻れるとしたら，あなたは何をしますか」と

問いかけ，集められたエピソードを公開する「一日前プロジェクト」（内閣府）など，組織的かつ長期の取り組みから個人による単発の活動まで無数に存在する。

　それらと比較して，この取り組みの特徴は，多くの記録活動がそうであるように災害の経験を聴くことがメインではなかったこと，また，この活動は，用意した場でこちらの質問に回答してもらうかたちではなく，たとえば，お料理や裁縫をしながら，お茶を飲みながらなど，何気ないやりとりの中で出てきた現地の方々の言葉を，学生各々が現地訪問後に文字に起こして蓄積していくという方法で進められたことだった。そして，そのようなプロセスを経て蓄積された記録を基に平成26（2014）年にまとめられたのが，『わたしの大槌物語——東大生が紡ぐおばあちゃんの人生』と『わたしが想う明日の大槌——「わたしの大槌物語」を生きて』（ともに，東京大学教育学部社会教育学研究室大槌町訪問チーム著，牧野篤・松山鮎子編，東京大学大学院教育学研究科・教育学部社会教育学・生涯学習論研究室発行：非売品）であった。2冊のうち，ここでは前者の『わたしの大槌物語——東大生が紡ぐおばあちゃんの人生』について，その概要を紹介する。

写真14-1　地元の方に教わり「新巻鮭」をつくる

　本書は，既述のような方法で蓄積した聞き書きをもとに書かれた文集ではあるが，その「物語」は，個別の被災者の方々が話されたことをそのまま記録にしたものではない。筆者を含む学生たちにはあらかじめ，「自分におばあちゃんたちが乗り移ったと思って，大槌の物語を紡ぎ出しなさい」という指示が与えられ，本書には，そのようにして各々が創作した11篇の物語が掲載されている。このような方法がなぜとられたのか。以下は，序章からの引用である。「幾度か訪問を続けるうちに，私には驚きに似た感情が芽生えました。学生たちが，何の抵抗もなくおばあちゃんやおじいちゃんの輪の中に入っていって，甘えるかのようにして，話に聞き入り，そして話を引き出していったのです。そして，それと同じように，被災した高齢の方々も学生たちをそのまま受け入れて，まるで自分の孫にでもするかのように，思い出話をしてくださったのです。それはまるで，被災者と学生との間に何か不思議な空間ができあがっているかのような感じを，私に抱かせるものでした」。

　被災者との「交流」というと，すぐにそれを「支援」ととらえてしまいがちである。ただ，この「支援」という言葉の裏には，「支援する」×「支援される」という関係がつきまとう。たとえば，極端な例を挙げると，震災後3年経った時期でもまだ，仮設住宅で「炊き出し」をする支援団体があり，ある被災者がこの施しを拒否したところ，支援する側になじられたことがあったという。このような活動は，もちろん善意からなされているものなのだろうが，被災者の方々に言わせると，そのような支援者に接すると，自分はいつまでも恵んでもらう，施される側なのかと感じてしまうということだった。ここでは，支援する×支援されるという関係に，上下関係ができてしまっているのである。

　これに対して，学生たちと被災地の方々との関係は，支援する×支援されるとはまったく違い，たとえば祖父母と孫のような直接的な関係で

あったといえる。本書では，そのようなことが意識され，「おばあちゃん・おじいちゃんとの関係を，支援する×支援されるという関係ではなくて，もっと『切れば血が出る』ような，切実な，自分にとってかけがえのないもの」にできるよう，学生自身がそこで出会った「おばあちゃん，おじいちゃん」になり代わって，語りかけるつもりで，大槌町の物語を綴るという方法がとられたのだった。

3. 聴くことが育てる当事者意識

　既述のとおり，筆者らの「聴く」活動は被災経験について話してもらうことが目的ではなく，たとえば「今日は寒いね」「そのお洋服素敵ですね」「これ美味しいね」といった他愛のない会話から始まり，最近の楽しみや思い出話に耳を傾けるというものだった。しかし，会話を続けていると，ときにその方が津波で亡くされた家族や友人の話，流されてしまった場所やモノの話が話題に上り，そのまま自然と，本人が被災した際の経験を語り始めるということもあった。他にも，最初の数カ月は交流の場でもほとんど何もしゃべらず，俯きがちだった方とようやく一言二言会話を交わせるようになった頃，ふとしたきっかけで，堰を切ったように震災で亡くされた旦那さんのお話を語ってくれたということもあった。

　哲学者の鷲田清一は，「〈聴く〉というのは，なにもしないで耳を傾けるという単純に受動的な行為なのではない。それは語る側からすれば，ことばを受け止めてもらったというたしかな出来事である」，「聴くことが，ことばを受けとめることが，他者の自己理解の場を劈くということであろう」と述べる（鷲田清一（1999）『「聴く」ことの力——臨床哲学試論』阪急コミュニケーションズ，p.11）。また，鷲田と臨床心理学者の河合隼雄との対談では，他者の自己理解や前向きに生きる意欲を後押

しするには，意識的に聴きすぎたり，相手の言葉を解釈し，ことばを掴んでしまったりするのはかえって逆効果で，「ふわーっ」と聴きながら，「相手から漏れてくることば」を待つことが必要と指摘されている（河合隼雄・鷲田清一（2010）『臨床とことば』朝日新聞出版）。心理療法では，聴き手が相手の世界に入り，その外に出ないということで，クライアント（語り手）は逆に，自分の意志を幽閉しているところからポロッと出る機会を与えられ，それが治っていくきっかけになるのだという。

　驚くことに，被災された方の中には，これまで幾度も被災した経験を人にたずねられ，語ってきたことから「震災の話が聞きたいの？わたし，泣かせる話もできるよ」と言うほど，それを語り慣れてしまったという人もいる。これは極端な例だが，鷲田らの言葉をふまえると，そうした聴き手の期待や意図に応じるかたちで語られる話と，自然な会話の中で語り手の心のままに語られる話，あるいは，先の旦那さんを亡くされた方のように語り手が相手に聴いてほしいと切に願って語られる話は，語り手本人にとって聴かれる経験の質，言葉を受けとってもらったという感触のたしかさが異なるのではないかと思う。

　筆者らのような外から被災地を訪れる「よそ者」は，ときに被災者を観察や研究の対象と見なして，被災者の記録をつけることに懸命になってしまう。一面では，それも支援や援助を考えるためには必要なことだろう。だが，被災され，心身ともに深い傷を負った方々のためには，一緒にいて共感することや，「よそ者」が被災者の直面する現実に寄り添い，できるかぎり自分事として受けとめることが重要である。

　ただ，この場合の「共感すること」や「自分ごととして受け止める」というのは，他者と感情が一致するとか，相手を完全に理解するということではない。それは，「じぶんはとても了解し難いその想いを，否定するのではなくそれでも了解しようと思うこと」（上掲『臨床とことば』

p.192)，分かろうとする姿勢や関心をもつことを指している。「関心」は，英語にすると「interest」で，その語源となるラテン語では「interesse」（違いを生む，その間にある）となる。また，「interesse」は，「inter」（～の間に）と，「sum」（存在する，ある）の組み合わせで成り立っている。ここから，他者に関心をもつとは，自分が他者との間に存在すること，他者との相互性が起こるところに自分が存在することであるとイメージできる。つまり，その人へ関心をもつということは，「好きだな，もっと知りたいな」と思う好意的な感情であれ，相手を否定的にとらえ，「なんであの人のことが嫌なんだろう」と考えることであれ，その人に関心をもたないではいられなくなるような関係に入ることを意味すると考えられる。関心をもった瞬間から，その人が自分の一部になるといってもよいだろう。

　このことと関わって，あるエピソードを紹介する。被災地での「聴く」活動を経て，多くの学生たちが話したのは，「３月11日」の意味が自分

写真14－2　完成した冊子を手渡しする学生

にとって変わったということだった。たとえば，ある学生は，物語を執筆してから最初にむかえた3月11日に，今までとは異なり，「○○のおじいちゃん，○○おばあちゃんはどうしているだろう」と具体的に人を思い浮かべ，被災地の大槌町に思いを馳せる経験をして，人と関わるとはこういうことなのだと感じたという。他のある学生は，今までは「被災地」の一つにすぎなかった大槌町が，今では自分の「故郷」のような親しみのある場所になったという。

　これらの経験が示しているのは，学生たちが，被災者の方々のことば，声にならないことばも含めて聴くことを通して，その人自身やその人が生きている環境に関心をもち，それによって，あたかもその人が自分の一部であるかのような，これまでとは違う自己を感じとっているということである。また，切実でかけがえのない相手との関係の中に自分が生きている，他者との相互性の中で自分が存在するという，いわば社会の当事者としての実感が聴くことによってもたらされたということだと思われる。つまり，既述の心理療法のように他人に関心をもたれ，寄り添われることが，その人の心の内に前向きな気持ちを呼び起こさせるだけではなく，反対に，他人に関心をもつことからも，これまでとは違った自分を感じられたり，自分が人との間で生きているという実感を得られるということである。そのような実感もまた，人や社会に関わろうとする意思や，前向きに生きる力を自己の内に育んでくれるのではないだろうか。

　社会教育では，社会や地域の課題を自分ごととしてとらえることや，地域づくりにおいて住民の当事者意識を育むことの重要性がしばしば指摘される。また，公民館などで住民の学習活動を支援する専門職には，「上から目線で指導・助言し，支援するのではなく，人々とともに生活し，人々と同じ目線に立って，人々の言葉にならない声を聞き取り，思いを

汲み取って，あなたがいいたいのはこういうことですか，と言語化して，返し」，対話的な関係をつくり出す役割が求められている（牧野篤 (2019)『公民館をどう実践してゆくのか──小さな社会をたくさんつくる②』東京大学出版会，p.183）。

　既述のとおり，従来の社会教育では聴くことにあまり関心が払われてこなかったといえるが，社会や他者の身に起きている出来事を自分ごととしてとらえ，地域の問題を自分たちで解決しようとするような当事者意識を育てる上で，あるいは，今後の社会教育の専門職のあり方を考える上でも，聴くことの役割をあらためてとらえ直す必要があるのではないだろうか。

参考文献

鷲田清一『「聴く」ことの力──臨床哲学試論』阪急コミュニケーションズ，1999年

桝井英人『「国語力」観の変遷──戦後国語教育を通して』渓水社，2006年

宇野田尚哉・川口隆行・坂口博・鳥羽耕史・中谷いずみ・道場親信編『「サークルの時代」を読む──戦後文化運動研究への招待』影書房，2016年

宮原誠一『宮原誠一教育論集　第2巻　社会教育論』国土社，1977年

15 | 若者と教育

辻　智子・矢口悦子・矢口徹也

　若者が様々な出会いと学びと発見を重ねてゆける時間と場所はいつの時代
においても求められている。本章では，2000年代の青年・若者に関わる生活・
労働状況や若者政策の動向を踏まえつつ，若者の学びの現在とこれからの展
望を考える。
《学習の目標》　若者と教育の現状と課題について考える。
《キーワード》　若者政策，若者の地域活動，共同学習，主権者教育

1．若者政策の登場

　2000年代に入り「若者問題」がにわかに話題となった。労働・雇用の
場面において若者たちが直面する問題という意味での「若者問題」は，
「就職氷河期」に象徴されるように1990年代における非正規雇用の増加
という労働環境と企業の雇用方針の変化によってもたらされた。しかし，
2000年代中頃までの「若者問題」の語られ方は主に就業意識に欠ける若
者の個人的な問題というものであった。就学・就労をしていない，また
は職業訓練を受けていない若者の状況を示してイギリスで使用されるよ
うになった NEET（Not in Education, Employment or Training）とい
う言葉が，日本においては，「働く意欲のない若者たち（ニート）」とい
うニュアンスで理解されたことはそれを現している。「ニート」言説の
流布にともない，あたかも若者バッシングとも言えるような状況が現れ
た。それに対して，「ニートと呼ぶな」「ニートで何が悪い」といった声

があがり議論が交わされた。

　他方，2006年頃より，「ネットカフェ難民」「ワーキングプア」という言葉が登場して注目を集めるようになり，働きたくても安定的に働ける状況自体が少なくなっていること，いったん失職すると再起に大きな困難が伴うこと，そもそも正規雇用の労働者にも病気の治療や育児・介護などとの両立が想定されてこなかったことなど，労働・雇用において生じている問題は若者も含め個人の努力の範囲を超えた社会的な問題であるとの認識も広く共有されていくようになった。いわゆる「秋葉原事件」（2008年）が世の中に大きな衝撃を与えたことは記憶に新しい。

　ところで，非正規という雇用形態の登場は1990年代以前にさかのぼるのにもかかわらず，なぜ，あらためて「若者問題」で注目されるようになったのだろうか。それは，その量的拡大もさることながら，そもそも非正規雇用が主に女性の労働として考えられてきたことと関わっている。正社員の夫と無職ないしパートの妻という性別分業家族が労働や社会政策の基礎単位として想定され，非正規雇用は家計補助労働として位置づけられてきたからである。経済的自立が困難であるなど非正規という雇用形態は以前より問題視されてきたものの，性別分業家族が多数を占め，また人びとの意識もそれを当然視するなかでは根本的な解決がなされなかった。それが，若者とりわけ若い男性たちの非正規雇用化によって大きな社会問題となったことは，そこにあったジェンダーの問題をあらためて浮き彫りにするとともに，学校・大学と職業（就職）との関係を再考させた。ただし，学校卒業直後の就職がその後の職業キャリアを規定する傾向が根強いところで，2010年代の景気回復により新規学卒採用率や正社員率が上昇したため，「若者問題」は，たまたま「就職氷河期」（1990年代半ばから2000年代前半）に高校・大学卒業という巡りあわせになった特定の世代の問題（「ロストジェネレーション」）とし

て回収されていった面もある。

　このような展開で「若者問題」が議論となるなか，政府は，2003（平成15）年，文部科学大臣，厚生労働大臣，経済産業大臣，経済財政政策担当大臣による「若者自立・挑戦戦略会議」において「若者自立・挑戦プラン」を策定した。若者の失業率・離職率の高さ，無業者・フリーターの多さが，所得格差の拡大，社会保障システムの脆弱化，社会不安の増大，少子化といった社会問題を惹起するとして，政府・地方自治体・教育界・産業界が一体となって取り組む必要がある問題だと表明したのである。そして，若者個人の働く意欲を喚起し，若年層の職業的自立を促すとの基本的な立場から，就労相談や求職情報の紹介を促す就職支援サービス（若年者のためのワンストップサービスセンター（ジョブカフェ），2004年度）をはじめ，「若者自立塾」事業（2005年度），地域若者サポートステーション（2006年度），ひきこもり地域支援センター（2009年）等が新設された。しかし，そもそも若者個人の意欲や努力が問題の根本的な原因ではない上に，若者を就労へと駆り立て，その「成果」を数的に把握して事業者評価を行うような施策の方向に対しては，疑問や批判が寄せられた。その後，2010（平成22）年には，「子ども・若者育成支援推進法」および「子ども・若者ビジョン〜子ども・若者の成長を応援し，一人ひとりを包摂する社会を目指して〜」が策定される。

　現実には，学校や職場で傷つき悩み，そこから自信を喪失して身動きが取れなくなって立ちすくむ若者たちも少なくない。不登校の子どもや若者たちの居場所づくりに関わってきた市民団体の中には，「自分は生きていていいんだ」「ここに居ていいんだ」という「自己・他者・社会に対する基本的な信頼」を形成するために，失敗を恐れて心もからだも強ばっている若者を受けとめながら，働く自信と意欲を回復する場を設け，手仕事・料理・食事・ヨガといった「ゆるやかな集団活動」や「居

場所づくり」を行うところも各所に見られる（若者支援全国協同連絡会
（JYCフォーラム）編『「若者支援」のこれまでとこれから　協同で社
会をつくる実践へ』かもがわ出版，2016年）。また，政府・自治体の若
者政策立案過程に深く関わった社会学者の宮本みち子は，若者が社会的
存在としての「私」を取り戻すためには，社会に参加し，活動し，他者
との相互関係のなかで自分自身の存在意義を実感できる場が必要だと述
べ，成長過程において若者が親以外の多くの大人と出会い，実社会で生
きる知識やスキルを体得してゆくためには，親でも教師でもない様々な
大人と接する機会，若者が自分をいろいろ試すことができる機会が大切
だと指摘している（『若者が無縁化する──仕事・福祉・コミュニティ
でつなぐ』ちくま新書，2012年）。

　「若者問題」と若者政策をめぐる動向を以上のように概観し，ひるが
えって本書第14章までにおいて述べてきたことを踏まえれば，具体的な
活動を通じて他者と関係を築きながら自分という存在を実感するといっ
た見解自体に新しさはない。若者たちの暮らしの大部分が学校・家庭・
労働によって占められ，それ以外の時空間が縮減されている現代的な状
況は，社会の中で子どもが大人になっていくことにあらためて目を向け
ることを促している。　　　　　　　　　　　　　　　　　（辻　智子）

2. 若者たちの地域活動の現在

　青年団をはじめとして現在も各地で様々な若者たちの集団や活動が行
われている。

　例えば，日本青年館は，ある特定の地域にこだわって活動している若
者たちに出会いと交流の場を提供するとして2020年より「全国まちづく
り若者サミット」を開催している（**写真15‐1**）。

　そこでは，地域青年団・YMCA・YWCAといった比較的長い歴史を

写真15−1　全国まちづくり若者サミット2020　2020年2月1−2日（日本青年館所蔵）

持つ民間団体をはじめ，自治体から支援を受けて活動するグループや
NPO法人，若者たちのサークル，高校・大学の授業や課外活動の一環
として行われている地域活動など様々な報告がなされている。その活動
ももちろん多種多様である。なかでも多いのが，地域住民を対象とした
行事やイベントの企画・運営である。祭り・盆踊り，商店街でのイベン
トなどの他，まち探検，歴史を学ぶ，魅力発見，商店街マップづくりと
いった足元の地域を見つめ直すきっかけを提供するような活動や，キャ
ンプ，野外活動，学校への出前授業など子どもを対象とした活動で，子
育て支援や子どもたちの放課後の居場所の開設，空き店舗・空き家の活
用，地場産物での商品開発，地域の情報や魅力の発信といった継続的な
活動も行われている。伝統行事や他団体への協力，企業とのタイアップ
も珍しくない。なかには，生きづらさや就労に困難を感じている若者の
居場所づくりや，選挙投票率向上のプロジェクト，自治体への提言を行

うといった活動もある。また，文化・スポーツなど自分たち自身が楽しむものもあれば，自然環境保護活動やコロナ禍で休校になった子どもたちの勉強を大学生がオンラインでサポートするといったボランティア活動もある。そこには，現在の居住地とは別に特定の土地への関わりを求めて参加してくる人もいる。進学や就職で離れた故郷，震災被災地，たまたま出会った農山漁村や温泉地など自分にとって特別な縁のある地域との関係を継続したいと望む人も少なくない。

　このように活動自体は様々であるが，共通するのは，特定の決まった活動を行うために集るというより，何かのきっかけでそこに集った若者たちが，自由にアイデアを出しあい，企画・立案し，実行するという活動形態（プロジェクト方式）をとっていた点である。こうした過程を，ある若者は，最初は「やりたいことがない」「何をしたらいいかわからない」「興味がない」という状態だったのが，やっているうちに何かが生まれ，動きだし，形になってゆく，そんな「0から1を生み出す場」になっている，だから楽しい，と表現していた。

　さらに，各団体や活動の中には，高校生から20歳前後の若者と30～40歳の若者が，より自然な形で出会い，フラットな関係で気軽に話ができる場がつくられているものもあり，それが魅力の一つになっていた。このことは，現在もなお，性別，年齢，家柄，職業，社会的地位などが個人とその人間関係を規定しがちな地域社会においては特に重要な意味をもっている。時に「息苦しい」とすら感じる日常生活の中で，こうした場や活動に「飢えて」いる若者がいることをあらためて確認できる。

　その際，若者たちの集団や活動自体が，閉鎖的・排他的で独善的なものにならないようにすることは，歴史的にも極めて重要な点である。そのためにも，全国まちづくり若者サミットや日本青年団協議会が主催する全国青年問題研究集会のように様々な団体や活動が互いに自らの経験

を報告し合い意見を交わし合う機会は必要であり，それらは，ゆるやかに開かれた学びの場としての意味を持っている。SNS を活用すれば物理的な距離を超えた交流が容易にできるようになった現在でも，その意味は変わらないか，むしろ増しているように見える。

　ところで，学校（高校・大学）や自治体が，このような若者たちの地域活動を敢えてしかけてゆくような取り組みが特に近年（2010年代），顕著に見られる。従前，青年教育といえば教育委員会（社会教育機関・社会教育行政）が担当であったが，現在は，地方創生など国の補助金を活用し，「地域活性化」「人口対策」「若者定住促進」などの施策の一環として，自治体行政は若者に熱いまなざしを向けている。今，全国各地で生まれている「○○若者会議（○○は自治体名）」の中には，こうした施策を契機とするものも少なくないが，このような動向には丁寧な議論が必要となるだろう。例えば，若者会議は若者たちの自主的な活動を主軸に据えなければ成り立たないが，そこに，自治体行政の露骨な統制や介入といった問題が入り込む余地はまったくないとはいえない。また，「協力」「連携」「協働」の名の下で若者たちが行政と一体化する危険性や行政の「下請け」になりかねないことには注意が必要である。人々の自主的な活動を支える環境とはどのように考えられるべきか，これは古くて新しい問いである。

　「ボランタリーなグループ活動を通して人間が育つ」という視点から，若者たちの集団や活動を支えるいとなみ（青年教育）はユースワークとも呼ばれる[1]。時代の変化を加味しつつ，これらの場や機会を具体的にどのように保障してゆくのかは課題であり続けている。　　　　（辻　智子）

1）英国のナショナル・ユース・エージェンシー（NYA）は，ユースワークを，若者が，学習・楽しみ・チャレンジ，あるいはさまざまな達成と結びついた諸活動を通して，「自己理解」（自分とは何かについての発見）と「他者及び社会についての理解」を深めるための支援であると定義している。

3. 青年の学びを支え，大人の学びを促進する共同学習を

　2022年4月より成年年齢が18歳に引き下げられ，自己の責任において社会的な責任を果たすようにという圧力が一層強くなった。周りの支えを十分に受けて育まれるはずの子ども時代に終わりを告げて，大人としての役割が期待される中，若者たちの置かれた状況はこれまで以上に複雑になる。積極的な政治への参画や，自立して人生の展望を拓く機会が広がる側面もあろうが，前節で述べられているように，自らの存在のよりどころとなるつながりが持てないままに，宙ぶらりんなままに不安定な場で生きていくことになる若者の増加も懸念される。若者たちが孤立することなく生きられる空間の創設をどのように支えるか，その一つの方向として共同学習の持つ力に注目したい。学校の外の世界で，公的な保証も十分ではない中，多様なつながりに基づく自律的な運動の場で発展してきた共同学習が持っているいくつかの要素は，学校教育において現在強く求められている「主体的」で「アクティブな学び」と重なり，特別支援教育における共同学習に期待される「分断をつなぐ」という点でも共通性を持つ。大学における少人数教育やチームでの課題解決型学習の導入なども，そこに複数の人間関係が生まれる場を想定し，他者との関わりの中で自己を捉え直し，協力することで何かを成し遂げる達成感を経て，自己肯定感を確かなものとする道筋が想定される。そうした力量は，奇しくも激変する社会を象徴する Society 5.0 と呼ばれる情報社会においても，求められる。高度な通信技術の開発や AI による仕事の革新，いわゆる DX の中で，さらには新型コロナウイルス感染症のパンデミックを経験した世界において，あらためて求められる人間的な力量が，多様な人々と協力しながら，変化する状況に柔軟に対応できる課題解決力なのである。これは，現在，国や産業界からも強く要請されてい

る。学校教育という巨大な構造の周辺で，青年たちが獲得してきた対話的な学びにおいて課題を解決しようとする共同学習は，若者全体が周辺化され，弱体化される危険性を持つ社会においては，すべての若者に必須の学びとして立ち現れてきているのである。そこで課題となるのが，そうした共同学習が生まれる場をどのように教育的に構成するかという問いであろう。以下，3点ほど提案しておきたい。

　一つには，公的な社会教育機関や生涯学習に関わる職員，新設された社会教育士（2020年度に新設された社会教育関連専門人材の称号），あるいは日本青年団協議会（第10章参照）のような民間団体の職員，NPO法人や社会的な運動などにおいて学習支援に関わる人々が，こうした学びの重要性について理論的かつ実践的に理解する場を作る必要があろう。すでに紹介されている，日本青年館主催の若者サミットのような多様な団体や機関，個人の参加による学びの場作りは好事例となる。そこには，若者問題を専門として研究を進める人々が関わり，地域作りを課題とする人々や若者自身が目指す社会作りへの貢献を果たそうとする機運が醸成されている。若者たちが，多様な人々との出会いの中で，日々生きていく場におけるアイデンティティを確立しようとする契機にもなり得る。

　二点目として，ユースワーカーの養成や研修を主導する機関の増設と，その専門性に関わる研究の深化が必要である。特に，ユースワーカーという専門職を配した青年教育，キャリア展望につながる成人職業教育の構造が確立していない日本においては，若者たちの自立的な集団であった青年団などの団体活動を支援する青年教育に関わる専門的な人々が，教育委員会等に集団として存在していたが，法令の改正や団体活動の衰退に伴い，多くの地域では青年教育専門職の姿が見えなくなっている。そこは容易に埋まらない穴となっている。若者の自立に関わる機関や施

策についても，すべての若者の学びを保証するための政策は連動していない。こうした状況を改善するためには，社会教育士やユースワーカー制度等の拡充が必要となろう。

　三点目は，職業生活に関わるリカレント教育の拡充という方策である。日本では，職業生活を営む社会人が自分の人生キャリアを展望し，軌道修正をするための学び直しや，新しいことに挑戦するための学び足しをするリカレント教育はあまり発展してきていない。企業内教育や職場内研修の文化が発達し，職業能力の向上が職場における教育や研修によってまかなわれてきた長い歴史がある。学校教育での学びを終えると職場での長い労働時間があり，生活の時間を除けば学びの時間は限られる。社会人となった人々の学習の場としては，公民館等における社会教育，そして教育文化産業によるカルチャー講座や資格講座等が発展しているが，職業生活に関わる大人の学びの内容と方法が専門的に議論される機会は少なかった。社会人の学習への参画の比率を示す指標において，日本は OECD 各国の中で極めて低い数値で，成人の学習への参加がなされていないとされている。こうした状況を改善する取り組みは現在始まっているが，産業界による人材への要請にのみこだわってしまうと，若者の人間的な成長という側面が軽視される。社会教育や若者の文化に関わる人々は，学習の機会を豊かにすることを求めつつ，一方で若者の自立に向けた学習の重要性を表明し続ける必要がある。

　以上述べてきた提案に共通することとして，共同学習が学校教育という教育のステージを超えたあらゆる学習において有効であることを再確認したいと考える。すでに，医療や福祉の領域において専門の異なるメンバーによるダイナミックな協働を促す学習理論であるノット・ワーキングの理論などを養成および研修において取り入れているところが増加している。保健師による地域医療における住民との学習も同様の側面を

持つ。子育て支援に関わる親たちの学びもまた共同学習と見ることができる。高度専門職の学びや多様な専門性を持つ人々のコミュニティにおいて，さらには文化活動においても共同学習は力を発揮する。その学習を第2次世界大戦敗戦直後に自らの厳しい体験と重ねながら作り上げた若者たちの主体的な学習への希求は，現在，学校という場に通う者も含め，若者たちの心の底にある声と響き合っているのではないかと考える。
(矢口悦子)

4. 主権者教育のための社会教育

　日本の社会教育，青年教育は選挙権の拡大と密接な関連を持ってきた。大正末から昭和初期に社会教育行政の整備が進んだのは，男性対象の普通選挙制度が確立した時期だった。公民館施設を中心とした戦後社会教育の発足は，20歳以上の男女平等の選挙権に対応している。18歳選挙権が導入された今，若者にとっての主権者教育の意味を，社会教育の課題として考える必要があろう。その際，戦後社会教育が生み出した共同学習論をひとつの手がかりに考察していくことも必要であろう。

　第9章で取り上げたように，地域の青年団，婦人会では選挙啓発運動の課題を話し合うなかで，共同学習という若者，女性を主人公とした社会教育の学習のあり方が提起されてきた。近年，学校教育においても共同学習の方法が注目され，障害者基本法改正に記された共同学習は，「どの子も分け隔てなく共に学び育つ」という「統合」の趣旨で説明されている。また，男女共同参画，多文化共生等を実現するための共同学習が展開されている。学校教育における共同学習は，対話を通じた相互理解と合意形成を図る力量を問う学習活動として位置づけられつつはあるが，主権者意識という観点から言えば，地域における若者の自己決定能力の獲得に関わる共同学習論の意味が継承されたとは言い難い。

　政策として提唱された現在の主権者教育が，投票と参加促進にとどまるのか，子どもの意見表明権や若者の政治的な権利行使につながっていくかは，社会教育において検討すべき課題でもある。近年，シティズンシップ教育，ボイテルスバッハ・コンセンサス等の海外の取り組みが紹介されている。そこでは，能動的市民の育成，（教員による）圧倒の禁止の原則，論争性の原則，生徒（若者）志向の原則など，戦後の共同学習論につながる考え方も多い。日本の社会教育がこれまで蓄積してきた学習の可能性や課題と併せて検討していくことも重要と考える。

　自立した若者像が後退し，形式的な参加のシステムづくりが先行し，若者が再び「動員」の対象とされないためにも，若者支援は地域の青少年集団の歴史的な蓄積をふくめて考えていく必要があろう。2015年6月，「公職選挙法等の一部を改正する法律」が公布，施行され，年齢満18年以上満20年未満の若者が選挙に参加できることになった。さらに，「民法の一部を改正する法律（成年年齢関係）」によって，2022年4月1日から成年年齢が20歳から18歳に引き下げられた。これらは，主権者教育の役割を改めて問うものである。変化する社会の中で，主権者の役割，さらに，子どもが大人になるとはどのようなことなのか，教育の立場から考えていくことが求められている。　　　　　　　　　　　（矢口徹也）

おわりに

　若者たちの暮らしの大部分が学校・家庭・労働によって占められ，それ以外の時空間が縮減されている現代的な状況は，社会の中で子どもが大人になっていくことにあらためて目を向けることを促している。産業界による人材への要請にのみこだわってしまうと，若者の人間的な成長という側面が軽視される。社会教育や若者の文化に関わる人々は，学習の機会を豊かにすることを求めつつ，一方で若者の自立に向けた学習の

重要性を表明し続ける必要がある。

参考文献

矢口悦子「共同学習」論の源流に関する検討」『東洋大学文学部紀要　教育学科編』
　　第68集，2015年

小玉重夫『シティズンシップの教育思想』白澤社，2003年他

近藤孝弘『ドイツの政治教育』岩波書店，2005年

矢口悦子・矢口徹也「若者支援と主権者教育——社会教育の歴史的視点から——」
　　日本社会教育学会編『子ども・若者支援と社会教育』東洋館出版，2017年

索 引

●配列は50音順，＊は人名を示す。

分担執筆者紹介

松山　鮎子（まつやま・あゆこ）

・執筆章→4・5・14

東京都生まれ。早稲田大学大学院教育学研究科（博士課程）修了。博士（教育学）。

現在　　大阪教育大学特任講師，早稲田大学非常勤講師

専攻　　社会教育学，生涯学習論

主な著書　『社会教育新論』（共著　牧野篤編著，ミネルヴァ書房，2022年）

『語りと教育の近代史——児童文化の歴史から現代の教育を問い直す』（大学教育出版，2020年）

『人生100年時代の多世代共生——「学び」によるコミュニティの設計と実装（シリーズ　超高齢社会のデザイン）』（共著　牧野篤編，東京大学出版会，2020年）

『学習社会への展望——地域社会における学習支援の再構築』（共著　日本学習社会学会編，明石書店，2016年）

矢口　悦子（やぐち・えつこ）

・執筆章→10・15

秋田県生まれ。お茶の水女子大学卒。同大学院人間文化研究科（博士課程）単位取得退学。博士（人文科学）。
2003年に東洋大学文学部教授。その後，社会貢献センター長，文学部長を経て，2020年4月より学長。

専攻　　社会教育学，生涯学習論
　　　　学生時代より，地域で活動を続けている青年たちや女性たちの学習に助言者として関わり，共同学習の面白さとその現代的な重要性を認識している。大学運営における教員と職員の協働もその延長上に捉えている。

主な著書　『イギリス成人教育の思想と制度——背景としてのリベラリズムと責任団体制度——』（新曜社，1998年）
　　　　『女性センターを問う——「協働」と「学習」の検証』（共著　新水社，2005年）
　　　　「『共同学習』論の源流に関する検討——学校教育と社会教育の『共同学習』理解の違いに注目して——」『東洋大学文学部紀要』第68集（2015年）

編著者紹介

矢口　徹也 (やぐち・てつや) ────・執筆章→1・2・3・8・9・15

1956年　栃木県生まれ
1980年　早稲田大学教育学部卒業
1991年　早稲田大学大学院文学研究科博士後期課程　教育学専攻
　　　　単位取得退学
　　　　博士（教育学）
1994年　早稲田大学教育学部専任講師
1997年　早稲田大学教育学部助教授
2002年　早稲田大学教育学部教授
主な著書　『山形県連合青年団史──メディアでたどるやまがたの子
　　　　ども・若者・女性──』（萌文社，2004年）
　　　　『女子補導団──日本のガールスカウト前史──』（成文堂，
　　　　2008年）
　　　　『社会教育と選挙』（成文堂，2011年）
　　　　『日本社会教育学会60周年記念資料集』（編纂）（東洋館出版，
　　　　2013年）

辻　智子（つじ・ともこ）

・執筆章→6・7・11・12・13・15

1971年	神奈川県小田原市に生まれる
1993年	お茶の水女子大学文教育学部卒業
1995年	お茶の水女子大学大学院人文科学研究科（修士課程）修了
2000年	お茶の水女子大学大学院人間文化研究科（博士課程）単位取得満期退学
	以降，早稲田大学教育学部・同文学部，神奈川大学，千葉大学，東京家政学院大学，お茶の水女子大学，東洋大学などで非常勤講師
2011年	東海大学課程資格教育センター特任講師
2013年	北海道大学大学院教育学研究院准教授
専攻	青年期教育，社会教育，女性史
主な著書	『繊維女性労働者の生活記録運動──1950年代サークル運動と若者たちの自己形成』（北海道大学出版会，2015年，女性史学賞受賞）
	「ジェンダーの視点から見た北海道の労働と生活」『北海道で考える〈平和〉歴史的視点から現代と未来を探る』（分担執筆　松本ますみ・清末愛砂編，法律文化社，2021年4月）
	「生活・地域の復興と青年」『東日本大震災と社会教育』（分担執筆　日本社会教育学会編，東洋館出版社，2019年）
	「戦後農村における生活改善と女性」『〈食といのち〉をひらく女性たち　戦後史・現代，そして世界』（分担執筆　佐藤一子・千葉悦子・宮城道子編，農山漁村文化協会，2018年）

放送大学教材　1529684-1-2311（ラジオ）

日本の文化と教育

発　行　　2023年3月20日　第1刷

編著者　　矢口徹也・辻　智子

発行所　　一般財団法人　放送大学教育振興会
　　　　　　〒105-0001　東京都港区虎ノ門1-14-1　郵政福祉琴平ビル
　　　　　　電話　03（3502）2750

市販用は放送大学教材と同じ内容です。定価はカバーに表示してあります。
落丁本・乱丁本はお取り替えいたします。

Printed in Japan　ISBN978-4-595-32382-9　C1337